십대를 위한
재미있는
어휘 교과서
2

십대를 위한 재미있는 어휘 교과서 2

초판 1쇄 펴냄 2012년 2월 29일
    11쇄 펴냄 2021년 5월 31일

지은이 서보건

펴낸이 고영은 박미숙
펴낸곳 뜨인돌출판(주) | 출판등록 1994. 10. 11. (제406-251002011000185호)
주소 10881 경기도 파주시 회동길 337-9
홈페이지 www. ddstone. com | 블로그 blog. naver. com/ddstone1994
페이스북 www. facebook. com/ddstone1994
대표전화 02-337-5252 | 팩스 031-947-5868

ⓒ 2012 서보건

ISBN 978-89-5807-367-3 14700

이 도서의 국립중앙도서관 출판예정도서목록(CIP)은 서지정보유통지원시스템 홈페이지
(http://seoji. nl. go. kr)와 국가자료종합목록 구축시스템(http://kolis-net. nl. go. kr)에서
이용하실 수 있습니다. (CIP제어번호 : CIP2012000808)

십대를 위한 재미있는 어휘 교과서 2

서보건 지음

뜨인돌

이 책의 가제는 '청소년을 위한 시사상식'이었습니다. 가제에서도 드러나듯이 이 책은 어떻게 하면 청소년들이 좀 더 쉽게 시사상식을 익힐 수 있을까 하는 고민으로부터 시작되었습니다. 아무리 입시 논술에 시사상식이 필수라지만, 사전식 풀이만 되어 있는 두꺼운 책을 펴 놓고 암기하게 하는 방식에는 동의할 수 없었기 때문입니다.

중학생 이상이면 누구나 이야기책 읽듯이 술술 읽을 수 있고, 그 과정에서 생각의 힘을 키울 수 있다면 좋겠다는 생각이 들었습니다. 이 책 특유의 꼬리에 꼬리를 무는 방식과 친근한 반말체도 다 그런 고민의 산물이지요.

예전에 안철수 교수가 '상식이 통하는 사회'를 추구한다고 해서 큰 반향을 일으킨 적이 있습니다. 그만큼 우리 사회에 불합리한 점이 많다는 것을 방증하는 것이겠지요. 그런데 철학적 관점에서 보자면 '상식이 통하는 사회'를 만드는 건 보통 힘든 일이 아닙니다. '상식'이란 말 자체가 무척 모호한 용어거든요.

사전적 의미로는 사회 일반인이 알고 있거나 알아야 하는 일반적 지식, 관습 또는 사리분별 기준을 가리켜 상식이라 하지요. 문제는 '사회 일반인'의 기준이 달라질 경우 상식도 바뀐다는 점입니다. 지구가 둥글다는 사실이 중세시대에도 상식이었을까요? 짜장면을 시키면 단무지가 따라온다는 것이 브라질 사람에게도 상식일까요? 카카오톡, 트위터 사용법이 과연 연세 지긋하신 어른들께도 상식일까요? 백조가 희다는 건 상식이지만, 어디까지나 검은 백조가 발견되기 전까지의 이야기입니다.

이처럼 상식은 시대와 지역과 사회계층 또는 새로운 발견에 따라 바뀌는 불완전한 개념이라는 것이 '회의론'의 관점입니다. 반대로 인류 공통의 절대적 상식이 있다는 '상식철학파'도 존재하죠.

어쨌든 다수가 공감하는 상식의 범위가 넓으면 넓을수록, 갈등과 다툼이 줄어 사회를 유지하고 민주적으로 의사 결정을 하는 데 도움이 되는 건 사실입니다. 세계 각국이 공교육을 통해 학생들에게 여러 '상식'들을 가르치는 이유도 그 때문입니다.

어때요? '상식'이라는 어휘 하나만 살펴봐도 생각의 폭이 조금 넓어지지 않나요?

머리말에서 굳이 '상식'이라는 어휘를 들어 이 책을 설명한 것은, 다수가 공감하는 상식의 범위가 넓어져 더 나은 세상이 되기를 저 역시 바라기 때문입니다. 물론 이 책 1, 2권으로 더 나은 사회를 만들 수는 없겠지만, 원래 꿈은 크게 꾸라고 있는 거니까요.

특별히 2권에서는 중고등 교과서에 나오는 어휘를 중심으로 하되, 가급적 다양한 분야의 지식들을 넘나들며 사고하는 '통섭'의 재미를 느끼게 하는 데 중점을 두었습니다. 이 책을 읽은 독자들 중에서 우리 사회 각 분야를 리드하는 통섭형 인재들이 나오길 바라면서요.

1권을 쓸 때와 마찬가지로, 국회 업무와 강의와 집안일을 멀티태스킹하면서도 어느 한 영역 소홀함 없이 성과를 거둘 수 있었던 것은, 사랑하는 가족과 주위 많은 분들의 도움이 있었기 때문입니다. 지면을 빌려 한 분 한 분의 배려에 진심으로 감사의 인사를 전합니다.

2012년 2월
서보건

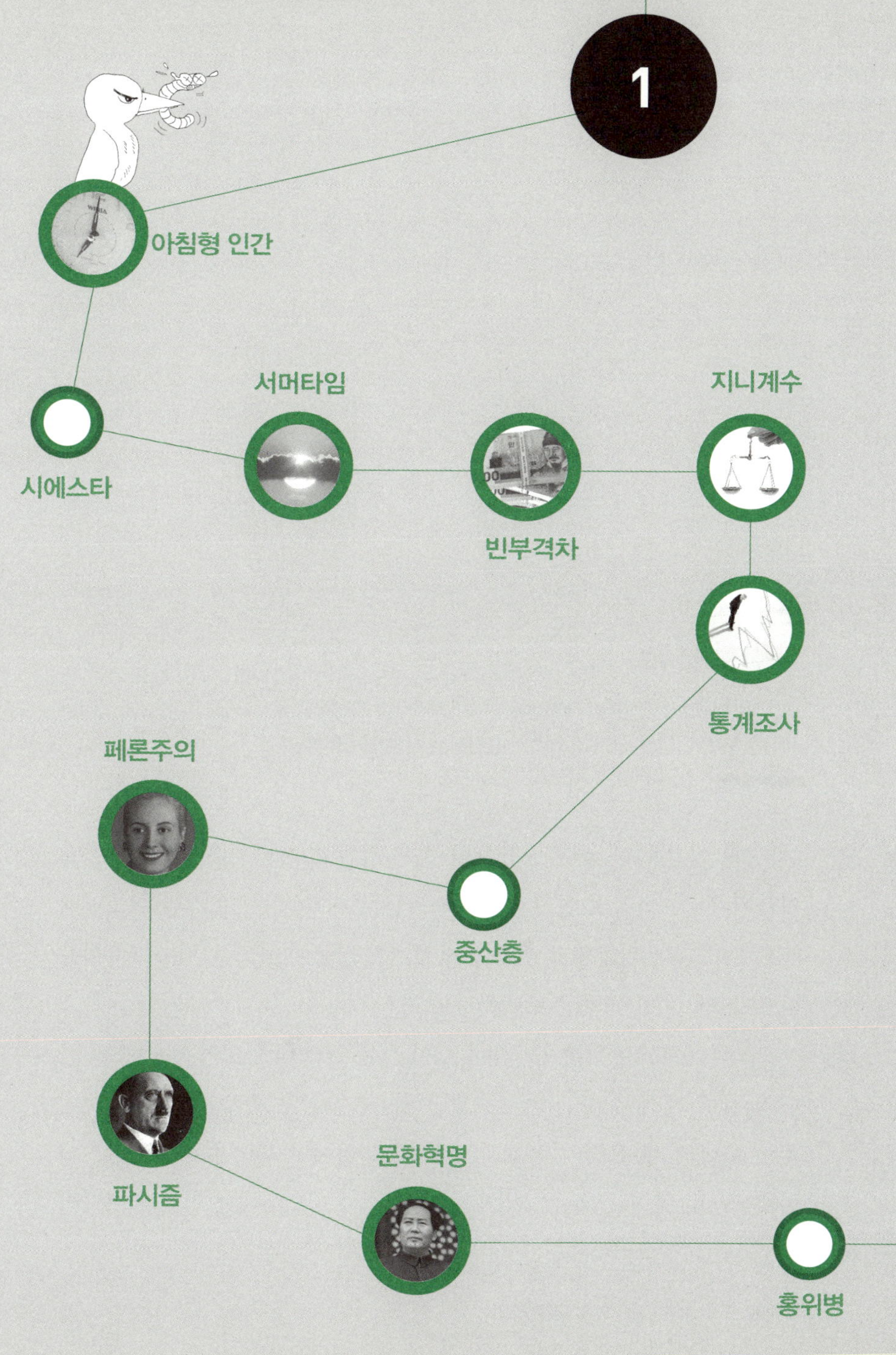
1
아침형 인간
시에스타
서머타임
빈부격차
지니계수
통계조사
페론주의
중산층
파시즘
문화혁명
홍위병

아침형 인간

제조업 중심의 근대 산업사회에서는 아침형 인간이 각광받았다.
새해가 되면 아침형 인간이 되기로 결심하는 사람들이 늘어난다.

'아침형 인간'이란 용어가 유행한 것은 지난 2003년 일본 사람 사이쇼 히로시가 쓴 『아침형 인간』이 출간되면서부터야. 당시 우리나라는 일명 IMF, 그러니까 외환위기 이후에 자기계발 열풍이 불고 있었어. 이 책은 나오자마자 단숨에 베스트셀러가 됐지.

우리나라에서 아침형 인간이 유행한 적은 여러 번 있었어. 우선 1960년대 박정희 전 대통령 시절 추진했던 새마을운동을 꼽을 수 있지. '새벽종이 울렸네 새 아침이 밝았네 너도 나도 일어나 새마을을 가꾸세.' 이 가사에서도 알 수 있듯이 '새마을 노래'는 국민 모두에게 일찍 일어나라고 말하고 있어.

1993년에는 삼성그룹이 전 직원에게 아침 7시까지 출근하라고 해서 화제가 됐고, 이후 이명박 대통령이 '얼리버드early bird'를 외치면서 공무원 출근을 아침 7시로 당겨 사회 전반에 조기 출근 분위기가 생겨났지.

이처럼 아침형 인간이 각광받게 된 것은 산업화와 연관이 깊어. 단순 노동을 필요로 하는 제조업이나 건설업은 해가 지기 전에 최대한 많이 일해야 생산성이 높아지거든. 노동자들을 이른 아침부터 일하게 하는 데는 아침형 인간이야말로 딱 들어맞는 개념이지. 그래서 인간은 본래 아침형이라거나, 누구나 노력하면 아침형이 될 수 있고, 성공하려면 일찍 일어나야 한다는 등의 주장이 나온 거야. 실제로 대기업 경영자들은 대부분 아침형이지.

그런데 최근 들어 '저녁형 인간' 또는 '올빼미형 인간'들의 반격이 시작됐어. 산업화시대 이후의 정보화시대에는 창의력과 집중력이 필요한데, 그 점에서는 저녁형 인간들이 더 낫다는 거지. 실제로 작가들 중에는 저녁형이 더 많고, 저녁형인 사람의 지능지수IQ가 더 높다는 영국 런던정경대학의 연구결과도 있거든.

미국 캘리포니아대학의 연구에 따르면 hDEC2라 불리는 돌연변이 유전자를 가진 소수의 사람들은 태어날 때부터 하루 4시간만 자면 된다고 해.

하지만 일반인이 그랬다간 만성 수면 부족에 시달린다지.

하여간 아침형 대 저녁형의 논쟁은 아직 진행 중인데, 문제는 선진국 중에서 우리나라와 일본 국민들이 유독 수면 부족에 시달리고 있다는 점이야. 학생이건 직장인이건 끊임없는 경쟁에 내몰리다 보니 그리 된 것인데, 지난 수십 년간 고속 성장해 온 우리 사회의 부작용이라 할 수 있어. 점심시간 2시간에다 '낮잠'까지 보장하는 유럽과는 너무 대조적이지.

시에스타 siesta

스페인, 경기 침체로 시에스타도 점점 사라져.
일본은 원전 사고 이후 전력난 해소를 위해 시에스타 제도를 도입했다.

시에스타란 낮잠이란 뜻의 스페인어인데 이탈리아, 그리스, 스페인, 포르투갈 등 지중해 연안 국가에 널리 퍼져 있는 점심 직후의 낮잠 풍습을 가리키는 말이야. 브라질, 아르헨티나, 칠레 등 스페인이나 포르투갈의 지배를 받았던 중남미 국가에도 이 문화가 남아 있어.

이들은 대부분 저위도 지방의 나라들인데, 한낮 기온이 너무 높다 보니 열사병을 피하기 위해 낮잠 자는 풍습이 생겼다고 해.

일례로 스페인은 시에스타를 보장하기 위해 점심시간이 2시간이나 되는데, 이때는 상점들은 물론 관공서도 문을 닫았어. 그런데 이런 관습이 외국인들 눈에는 게으름의 상징처럼 보였고, 실제로도 불편한 점이 많았지. 결국 2005년부터 관공서에서는 시에스타가 폐지됐어. 은행을 포함한 민간 영역에서는 여전히 2시간짜리 점심시간 문화가 계속되고 있지만 말이야.

점심시간이 2시간이라니, 얘기만 들어도 황홀하지? 그런데 이걸 반대하는 사람들도 있다고 해. 요즘은 대부분 에어컨이 있는 건물 안에서 일하지 않느냐, 점심시간이 길면 퇴근만 늦어지고 업무 능률이 떨어져 국제 경쟁에서 뒤처진다, 이것이 반대하는 사람들의 주장이야.

반면, 시에스타를 찬성하는 사람들은 주로 의학적 근거를 들어. 미국 의학계의 연구에 따르면 정기적으로 30분 정도 낮잠을 잘 경우 기억력 등이 높아져 업무 능률이 향상된다고 하더라, 낮잠을 자면 심장병 발병률이 낮아져 건강에도 좋다, 이렇게 말이지.

유명한 사람들 중에도 낮잠을 즐긴 이들이 있어. 윈스턴 처칠 영국 총리는 제2차 세계대전 중 독일이 폭격을 할 때에도 방공호에서 낮잠을 잤다지. 하루 3시간만 잤다던 나폴레옹도 낮잠을 즐겼대. 그래서 미국의 구글, 나이키 같은 대기업도 직원들에게 낮잠을 권하기 시작했어.

한편, 일벌레 공화국이라 불리던 일본에 최근 시에스타 제도가 등장했어. 시에스타의 나라인 스페인에서는 최근 경제 위기가 심각해지면서 점심시간을 점차 줄이려는 움직임이 나타나고 있는데 그와는 대조적이지.

일본 중부지방의 기후현은 2011년 7월부터 9월까지 공무원들에게 오후 1시에서 3시 사이에 집에 가서 쉬라고 권했대. 후쿠시마 원전 사고로 일본 전체가 전력난을 겪자 전기 절약 캠페인 차원에서 나온 아이디어라고 해. 공무원의 건강을 생각해서가 아니라 국가의 전력이 부족하니 낮잠을 자라는 거야.

하여간 전력 부족 사태가 워낙 심각하다 보니, 도쿄도청 공무원들과

대기업 소니는 전기를 절약하려고 '서머타임제'를 실시했는데 그 실효
성에 대해서는 논란이 있어.

서머타임summer time

서머타임은 해가 일찍 뜨는 여름철에 하루를 빨리 시작하고 마감할 수
있도록 표준시간을 1시간 앞당기는 제도야. 일광 절약 시간제daylight
saving time라고도 하지.

1784년 미국의 벤저민 프랭클린이 서머타임을 주장했지만 그때는 시
행되지 않았어. 서머타임은 1차 세계대전 당시 독일에서 맨 처음 시작
되었어. 적의 폭격에 대비하고 연료를 절약하기 위해서였지. 이후 유럽
각국에서 따라 하면서 미국 등 세계로 퍼져 나갔는데, 에너지 절약이란
장점이 있지만 생활에 불편과 혼란을 초래한다는 이유로 중단과 실시를
반복한 나라가 많았어.

표준시
특정 국가나 지역의 표준이 되
는 시간. 경도를 기준으로 정하
며, 영토가 넓은 나라는 지역에
따라 표준시가 다르기도 함.

우리나라는 1948년 6월부터 실시되었다가 한국전쟁 동
안 중단되었고, 이후 1955년부터 1960년까지 실시되었다
가 1961년 들어 표준시가 동경 135도로 바뀌면서 폐지되
었어. 이후 1987년 5월 10일부터 10월 11일까지 다시 시
행됐는데 서울올림픽 예행 연습 때문이었어. 황금시간대를 확보해 미

국 방송국들로부터 중계권료를 높게 받으려는 목적이었지. 이후 1988년에 한 번 더 실시됐다가 폐지됐어.

그러다 지난 2009년부터 이명박 대통령이 녹색 성장을 거론하면서 기업 경영인들을 중심으로 서머타임 얘기가 흘러나왔어. 해가 지지 않은 저녁에 퇴근하면 국민의 여가 활용에 좋고, 국내 관광산업 등이 활성화되며, 전기와 난방 연료 사용을 줄일 수 있다는 거야. 영국, 미국, 러시아 등에서도 실시하기 때문에 세계적 추세라는 논리도 덧붙였지.

하지만 노동계를 중심으로 한 반대 여론도 만만치 않았어. 시간 변경이 번거롭고, 생체리듬의 혼란이 우려되며, 퇴근할 때 윗사람 눈치를 봐야 하는 우리나라에선 근로시간만 연장될 수 있고, 전기·난방비가 줄어든다는 보장도 없다는 거야.

또, 다른 나라는 영토가 넓어 시간대를 조절해야 하거나 위도가 높아 햇빛이 부족하니 서머타임이 필요하지만 우리는 가뜩이나 표준시도 일본에 맞춰져 사실상 서머타임을 하고 있는 셈인데 시간을 더 당기는 것은 안 된다는 주장이었지.

그런데 최근 반대론에 힘을 실어 주는 연구결과가 나왔어. 일본 산업기술 종합연구소가 서머타임 절전 효과를 분석했는데, 전력 수요가 도리어 4퍼센트 증가하더라는 거야. 왜 이런 결과가 나왔을까?

조기 퇴근으로 기업의 전기 요금은 줄었지만, 귀가가 빨라지면서 에어컨 사용 등 일반 가정의 전력 사용량이 늘었기 때문이야. 쉽게 말해 서머타임은 종래 기업이 지던 부담을 각 가정에 떠넘긴 셈이 된 거지. 요즘 우리나라는 가뜩이나 '빈부격차'가 심

1908년 대한제국은 표준시를 받아들이면서 동경 127.5도를 기준으로 함. 이에 따르면 우리나라와 일본의 시차는 30분. 그러나 일제강점기에 조선총독부가 일본의 표준시인 동경 135도로 바꿔 버림. 이승만 대통령 때 127.5도로 원상복귀됐지만, 박정희 대통령이 미군의 요청을 받아들여 일본 표준시로 바꾼 뒤 오늘날까지 이르고 있음.

각해져 사회적 문제가 되고 있는데, 서머타임 도입은 이래저래 쉽지 않
게 됐어.

빈부격차 貧富隔差, rich-poor gap

빈부격차란 쉽게 말해 가난한 사람과 부유한 사람의 차이를 가리키는 말
인데, 시대와 사회에 따라 그 기준이 달라질 수 있어. 원시시대와 오늘
날이 뜻하는 빈부격차, 소말리아와 미국에서 말하는 빈부격차는 기준
이 다를 수밖에 없다는 거야.

　요즘은 문화나 정보 같은 비경제적 영역에서의 차이를 비유하는 말로
도 쓰이곤 하지만, 보통 빈부격차는 경제적 차이를 가리킨다고 보면 돼.

　경제적 빈부격차는 객관적인 비교 기준이 있느냐 없느냐에 따라 객관
적 빈부격차와 주관적 빈부격차로 나뉘어.

　주관적 빈부격차는 사람들이 느끼는 기분에 따른 빈부의 차이를 말해.
실제 빈부격차가 크더라도 사람들이 생활하는 데 별 다른 차이를 못 느
낀다면 주관적 빈부격차는 크지 않다고 할 수 있어. 부잣집 아이건 가
난한 집 아이건 놀이터에서 함께 어울려 놀 때는 빈부격차를 크게 느끼
지 못하는 것을 떠올리면 이해가 될 거야.

　객관적 빈부격차는 다시 절대적 빈부격차와 상대적 빈부격차로 나뉘

는데, 전자는 소말리아 난민들처럼 인간 생존에 꼭 필요한 만큼의 경제력조차 없는 상태를 가리키고, 후자는 사회 구성원들 간에 상대적으로 더 많이 가진 자와 덜 가진 자의 차이를 가리켜. 한국전쟁 직후에는 절대적 빈부격차가 문제였지만, 요즘은 주로 상대적 빈부격차가 우리 사회의 고민거리야.

사실 빈부격차는 인류 역사상 어느 시대, 어느 나라에서나 있었어. 요즘은 심지어 온라인 게임 세상에서도 빈부의 차이가 있을 정도지. 그렇다면 인간사회에서 빈부격차는 대체 왜 생기고, 왜 심각한 문제가 되는 걸까?

세상 사람들이 모두 똑같이 1만 원씩 가지고 시작한다 쳐. 그래도 1년 뒤에는 수백만 원 가진 사람이 생기는가 하면, 도리어 빚을 지는 사람도 있을 거야. 경제적 수완이 좋은 사람이 있고 그렇지 못한 사람이 있으니까 그거야 어쩔 수 없지.

그런데 시간이 흘러 빈부격차가 대물림된다면 잘살거나 못사는 ‘계층’이 생겨난단 말이야. 옛날 봉건시대처럼 신분제 사회면 몰라도, 현대 민주국가에서 신분 계층은 용납될 수 없지 않겠어?

노력해서 따라잡을 수 있다면 그래도 괜찮아. ‘계층간 이동’이 얼마든지 가능하다면 사람들이 저마다 노력할 테고 그 과정에서 사회 각 분야도 발전할 테니까.

하지만 아무리 노력해도 따라잡을 수 없을 만큼 격차가 벌어진다면 문제가 심각해지지. 가난한 집 아이는 노력해도 가난을 벗어날 수 없는 반면, 아무리 무능해도 부잣집 아이란 이유로 떵떵거리며 잘산다면 그 사회는 발전할 원동력을 잃어버리고 정체될 수밖에 없거든. 그럼 결국

가난한 자는 더 가난해지고, 부자는 더 부유해지는 '빈익빈 부익부' 현상이 나타날 테고, 사회 계층 간 갈등이 심해지다가 급기야 폭력적으로 발산될 수 있단 말이야. 계층 간 갈등 때문에 나라가 망하거나, 혁명이 일어나거나, 정권이 바뀐 경우가 실제로 있었어.

그래서 세계 각국은 빈부격차를 완화하기 위해 다양한 정책들을 시행하고 있어. 고소득층에 무거운 세금을 물려 소득 수준의 차이를 줄이거나, 저소득층에게 복지 혜택을 늘려 주는 방법 등을 쓰지. 그리고 '지니계수'라는 지표를 이용해서 정기적으로 사회의 빈부격차 정도를 점검하고 있어. 우리나라도 예외는 아니지.

지니계수 Gini's coefficient

중국, 도시 주민 지니계수 미공개.
지니계수가 약간 떨어졌다고 해서 우리 사회의 양극화가 해소되고 있다고 볼 수는 없다.

'지니'라고 하면 요즘 사람들이 가장 먼저 떠올릴 연관어가 뭘까? 램프의 요정? 아니면 소녀시대?

경제학에서 지니라고 할 때 가장 유명한 사람은 이탈리아의 통계학자이자 사회학자인 코라도 지니 Corrado Gini 야.

그가 만든 '지니계수'는 특정 사회의 소득 분배가 얼마나 불균형한지를 나타내는 수치야. 사회 구성원들의 빈부격차를 가늠하는 국제적 기준이지.

지니계수의 계산식은 굉장히 복잡하니 나중에 대학교 가서 배우면 되고, 여기서는 수치를 읽는 법을 알려 줄게. 지니계수는 0부터 1 사이의 값을 갖는데 0에 가까울수록 사회의 소득 분배가 고르다는 뜻이고, 1에 가까울수록 소수의 상류층이 과도한 소득을 집중적으로 배분받고 있다는 뜻이야. 실제로는 1에 가까워지기 전에 나라가 망할 것이기 때문에, 보통 0.4를 기준으로 소득 분배가 잘되고 있는지 아닌지를 판단해.

프랑스, 독일 등 서구 선진국 대다수의 지니계수는 0.3대에서 오르락내리락하고 있어. 통계청에 따르면 우리나라는 지난 수년 간 0.310에서 0.314를 오르내리고 있지. 지니계수가 높은 나라 하면 미국과 중국을 꼽을 수 있는데 미국이 0.4 초반이고, 중국은 최근 0.5를 돌파했다는 얘기가 나오고 있어.

중국의 수치가 굉장히 높지? 원래 중국은 수십 년간 공산주의 체제 아래서 경제적으로 낙후되었기에 지니계수가 낮은 편이었어. 그런데 1980년대에 덩샤오핑鄧小平등소평이 개혁·개방을 통해 자본주의를 받아들이면서 경제가 고속 성장한 반면 소득 불평등도 엄청나게 심해졌지.

2009년 통계에 따르면 중국의 상위 10퍼센트와 하위 10퍼센트의 소득은 그 차이가 40배나 돼. 또 상위 10퍼센트가 중국 전체 자산의 80퍼센트 이상을 차지할 만큼 부가 한쪽에 극심하게 쏠려 있어. 중국의 일용직 노동자나 농민들은 하루하루 먹고살기도 어려운 반면, 부자들은 개인 헬리콥터로 아이들을 학교에 등교시킬 정도지.

지니계수만 보면 우리나라가 미국 등 선진국보다 상황이 좀 나아 보이지만, 몇 가지 생각해 볼 점이 있어. 우선 지니계수의 기준이 되는 소득 문제인데, 국가 통계에 잡히지 않는 경우가 꽤 있단 말이야.

월급쟁이 직장인들은 모든 소득이 낱낱이 국세청에 포착되어 '유리
지갑'이라고까지 불리지. 하지만 현금 거래를 주로 하는 일부 전문직이
나 사업가 또는 부동산 임대 소득자들의 돈벌이는 정확한 소득을 알기
어려워. 그래서 실제로는 소득이 다른데도 수치상으로는 비슷한 것처
럼 보일 수 있지.

설사 소득 수준이 비슷하다 해도 가지고 있던 재산이 차이가 많이 나
면 사람들은 빈부의 차이를 느낄 거야. 똑같이 월급 2백만 원을 받는다
고 해도, 수억 원대 집을 갖고 있는 사람과 세 들어 사는 사람과는 분명
빈부격차가 있는 거니까.

국가 정책을 펼 때 기초자료가 되는 '통계조사'와 해석을 올바르게 해
야 하는 이유가 여기에 있지.

통계조사 統計調査

좋은 정책도 정확한 통계조사가 뒷받침되지 않으면 실효성이 떨어지게 마련이다.
야구만큼 통계가 발달된 스포츠 종목은 찾아보기 어렵다.

통계란 사람이나 사물(또는 사건)을 대상으로 조사하고 그 결과를 구체
적인 수치로 나타낸 것을 말해. 각각의 조사 대상만 보면 별다른 공통
점이나 특징을 찾기 어려운 경우에도, 수많은 조사 내용을 모아서 통계
표로 만들면 공통점이나 특징이 분명히 드러나는 경우가 많아.

따라서 통계 자료를 축적하다 보면 사회현상이나 자연현상의 흐름을

알 수 있을뿐더러 어느 정도는 앞날을 예측할 수도 있지. 그래서 오늘날 세계 대부분의 나라와 기업들은 적극적으로 통계조사를 하고 있어.

우리나라에선 통계청이 5년마다 전국적으로 '인구주택 총조사'를 해서 국가 통계의 기본 자료를 만들고, 기상청은 전국 500곳 기상 관측 장비의 관측 결과를 통계로 만들어 날씨 예측에 활용하고 있지. 기업들도 상품을 개발하고 판매할 때 소비자들의 특성과 선호도를 아주 치밀하게 분석하는데, 그 핵심에 통계조사가 있다구.

통계조사는 이처럼 현대사회에서 갈수록 중요하게 여겨지고 있어. 하지만 인간이 하는 일이기 때문에 오류를 피할 수 없지. 특히 자연현상과 달리 사회현상에 대한 통계는 인간을 대상으로 하는 것이기 때문에 오류가 더 많아. 그런 오류를 '통계의 함정'이라고 불러.

심슨의 역설Simpson's paradox이 대표적인 통계 오류라고 할 수 있어. '심슨의 역설'이란 각각의 경우와 그 경우들을 합산했을 때 결과가 달라지는 걸 말해. 예를 들어 야구선수 A와 B가 각각 3할(10타수 3안타)과 2할 8푼(100타수 28안타)을 기록했다고 쳐.

다음 해에 두 선수는 각각 2할 5푼(100타수 25안타)과 2할(10타수 2안타)을 기록했어. 연도별 타율만 보면 A 선수가 더 뛰어나 보이지? 그러나 2년치 기록을 합쳐보면 둘 다 똑같이 110타수에 A는 28안타, B는 30안타로 B가 더 앞서지.

'선택의 오류'라는 것도 있어. '해병대 사망률이 뉴욕 시민 사망률보다 낮다'는 미

국 해병대의 광고 문구가 있었는데, 어때? '해병대' 하면 생사를 오갈
만큼 강도 높은 훈련을 떠올리곤 했는데 이 문구를 보면 꽤 안전한 곳으
로 여겨지지 않아? 그런데 조금만 더 생각해 봐. 뉴욕 시민 중에는 노약
자와 병자들이 많지만, 해병대는 신체검사를 거쳐 젊고 튼튼한 사람만
뽑잖아. 이걸 감안하면 말도 안 되는 비교지.

'자료(데이터) 수집의 오류'도 있어. 요즘 선거 여론조사가 번번이 예
측에 실패하는 것도 여기서 그 원인을 찾을 수 있지. 여론조사 업체들
은 KT 집전화 번호부를 사용하거든? 그런데 요즘 젊은 사람들은 휴대
전화나 인터넷 전화를 많이 쓰잖아. 그러니 여론조사에 응하는 건 50대
이상의 고연령층인 경우가 많아. 여론조사 결과와 실제 투표 결과가 크
게 달라질 수밖에.

지금까지 살펴본 것은 수집할 때 나타나는 오류인데 오류 중에는 통
계를 잘못 해석해서 생기는 것도 있어.

우리나라의 지니계수는 2009년 0.314까지 상승했다가 2010년에
0.310으로 약간 떨어졌거든? 그러자 박재완 기획재정부 장관은 소득
분배가 개선됐다며 좋아했지. 하지만 LG경제연구원에서는 상위층의
소득 증가세가 좀 줄어든 것이 마치 소득 격차가 줄어든 것처럼 보일 수
있다며 '착시 가능성'을 지적했어. 연봉 10억 원의 고소득자가 매년 1억
원씩 연봉이 늘다가 경제가 어려워져 매년 7천만 원씩만 상승했다고
쳐. 연봉 2천만 원 미만의 저소득층 입장에서 볼 때 과연 소득 격차가
줄었다고 할 수 있을까?

저소득층의 소득이 늘어 '중산층'이 많아져야만 소득 분배가 개선되
었다고 할 수 있지.

중산층 中産層

중산층이 가장 많은 항아리 구조의 사회가 제일 바람직한 것으로 여겨진다.
미국은 금융위기 이후 소득 양극화로 중산층이 급속도로 줄어들고 있다.

중산층의 정의는 시대 상황과 기준에 따라 달라질 수 있지만, 여기서는 국제적으로 가장 많이 쓰이는 경제협력개발기구OECD 기준에 따라 설명해 볼게.

전체 가구들을 소득 순서대로 쭉 나열했을 때 정확히 한가운데에 있는 소득 금액을 중위소득中位所得이라고 해. 이 금액이 기준이야. 이 금액의 50퍼센트와 150퍼센트 범위에 있는 가구를 중산층이라고 하고, 50퍼센트 미만인 가구를 빈곤층, 150퍼센트 이상인 가구를 고소득층으로 분류하지.

2010년도 통계청 자료에 따르면, 1인 가구와 농어촌 가구를 제외한 우리나라 도시 가구의 중위소득은 월수입 302만 2천 원이었어. 이 금액을 기준으로, 50퍼센트면 151만 1천 원이고 150퍼센트면 453만 3천 원이지. 그러니 월수입 151만 1천 원 미만인 가구는 빈곤층, 453만 3천 원 이상인 가구는 고소득층, 그 사이는 중산층인 셈이지. (여기서 소득 금액은 세금이나 국민연금 등을 제외한 것이므로 실제로는 그보다 좀 많음.)

이참에 '상대적 빈곤율'이란 말도 알아 두면 좋겠어. 빈곤층이 전체 인구에서 차지하는 비율을 가리키는 말이야. 이 비율이 높으면 상대적으로 가난한 국민이 많다는 것을 뜻하지.

하지만 요즘 우리 사회에서 중산층이란 말은 사실상 고소득 부유층에 가까운 의미로 쓰이고 있어. 우리나라 사람들은 흔히 사회계층을 상류층-중산층-서민층-빈곤층-극빈층, 이렇게 나누어 생각해. 그런데 경제협력개발기구 기준으로 보면 고소득층에 해당하는 사람들도 자기가 중산층이라고 말해. 소수의 상류층들이 터무니없을 정도로 돈이 많다 보니, 연봉 1억이 넘는 사람들도 자기는 중산층이나 서민층에 불과하다고 여긴단 말이야. 그러니 경제협력개발기구 기준으로 진짜 중산층은 어떻겠어? 서민층이나 빈곤층이라고 생각하겠지.

실제 소득 수준과 사람들이 느끼는 소득 수준이 이처럼 다른 이유는, 앞서 보았던 주관적/상대적 빈부격차 개념으로 설명할 수 있어. 빈부의 차이를 상대적으로 비교해서 평가하는 이상 나는 누군가보다는 늘 더 가난하게 여겨질 수밖에 없지.

그런데 문제는 사람들이 느끼는 체감 중산층만 줄어드는 게 아니라, 실제 중산층 인구가 점점 줄고 있다는 점이야. 우리나라의 중산층 비율은 1992년에 75.2퍼센트로 정점을 찍은 다음, 점점 줄어 2009년에는 66.7퍼센트로 감소했거든.

이처럼 중산층이 줄어 부자-빈자로 양극화되면 사회 갈등이 심해지고 국가 경제의 활력도 줄어들 뿐 아니라, 정치적으로도 굉장히 극단적이 될 소지가 있어.

즉 정당과 정치인들은 선거 때문에 유권자들의 표를 늘 의식할 수밖에 없는데, 중산층 유권자가 가장 많다면 아무래도 대부분의 현안을 중도적으로 원만하게 해결하려 하겠지? 그러나 양극화가 점점 심해지면 정당이나 정치인들도 부유층 편 또는 빈곤층 편을 선택해야 하는 처지에 놓인단 말이지. 자기를 지지해 주는 세력의 인기를 얻기 위해 점점 더 극단적인 정책을 펼치다 보면 자칫 그릇된 길로 갈 수도 있고…. 아르헨티나의 '페론주의'도 그런 사례 중 하나라고 볼 수 있지.

페론주의

페론주의에 대한 평가는 엇갈리지만, 오늘날 보통 부정적인 의미로 쓰인다.
아르헨티나, 페론주의 진영에서 세대 교체 움직임 시작돼.

페론주의는 1940년대 아르헨티나에서 일어난 정치 운동을 말하는데, 당시 대통령이었던 후안 페론과 영부인 에바 페론의 이름을 딴 거야.

아르헨티나의 고위 관리였던 후안 페론은, 비록 빈천한 집안 출신이지만 유명 연예인이었던 에바(애칭은 에비타)를 만나 결혼했어. 그리고 빈곤한 노동자 계층의 열광적인 지지를 바탕으로 대통령에 당선됐지.

페론은 자신의 주요 지지 세력이던 노동자 계층의 입맛에 맞게 사회를 개혁해 나갔어. 경제 자립을 해야 한다며 자본주의와 사회주의 모두를 부정했고, 노동자들을 착취하던 외국 기업들을 쫓아내고 외채를 다 갚았지. 또한 노동자들의 임금을 올리고, 학교와 병원을 많이 지어 가난한 사람들이 교육 및 의료 혜택을 받도록 해 주었어.

이 모든 일에 미모의 영부인 에바 페론이 앞장섰기에 부부의 인기는 날로 치솟았지. 특히 에바는 한창 잘나갈 때인 1952년, 33세의 젊은 나이로 암에 걸려 죽는 바람에 아르헨티나 민중들에겐 지금도 전설적인 존재로 남아 있어. 'Don't cry for me Argentina'라는 노래로 유명한 세계적 뮤지컬 〈에비타〉는 에바의 짧지만 극적인 삶을 다룬 작품이지.

하지만 페론주의에도 어두운 면이 있었는데, 페론 부부는 당시의 첨단 방송매체라 할 수 있는 라디오를 통해 끊임없이 대중을 선동했고, 친인척들을 정부 관리로 임명한 뒤 온갖 부정부패를 저질렀으며, 자기들을 비판하는 세력을 폭력적으로 탄압했어. 심지어는 어린 학생들에게 페론 부부를 우상화하는 교육을 시켰고, 천주교 신부들을 탄압했어. 결국 반란이 일어나 페론은 대통령 자리에서 쫓겨났지.

상당히 잘살던 아르헨티나가 못사는 나라로 전락한 것은 페론주의 때문이라는 견해도 널리 퍼져 있어. 페론이 당장의 인기에 급급해서 선심성 정책들을 쏟아낸 바람에, 그 부작용으로 아르헨티나 경제가 무너졌다는 거지. 그래서 오늘날 페론주의는 포퓰리즘과 비슷한 의미로 쓰일 때가 많아.

한편에선 아르헨티나의 몰락은 페론 때문이 아니라 그 뒤를 이은 군사정권의 잘못 때문이니만큼, 페론주의를 단순한 포퓰리즘으로 봐선 안 된다는 주장도 하고 있어. 실제로 페론이 집권하던 시절에 빈곤층이 줄고 중산층은 대폭 늘었거든. 그 외 교육 시설을 늘리고 의료 보장 제도를 도입하는 등 경제·사회적으로는 괜찮은 성과가 있었다고 보는 거야.

그러나 정치 측면에선 통치 방식에 큰 결함이 있었어. 페론은 대중을 선동해서 반대파를 가혹하게 탄압했는데, 민주주의의 허점을 악용해 독재를 저질렀다는 점에서 '파시즘'의 한 종류로 분류되기도 해.

파시즘 fascism

독일 히틀러의 나치 정권은 파시즘 정권의 전형이다.
성실한 사람을 자기 비위에 거슬린다고 쫓아내다니, 파시스트 같은 행동 아닌가?

파시즘이란 이탈리아어 파쇼fascio: 묶음에서 유래한 것인데, 원래 1922년부터 제2차 세계대전까지 20년간 이탈리아의 독재자였던 무솔리니Mussolini 정권을 가리키는 말이었어.

이후 점차 무솔리니 정권과 유사한 특징을 보였던 제2차 세계대전 당시의 독일 나치 정권과 일본 군국주의 정권을 가리키는 말로 의미가 확장되었지. 파시즘을 신봉하는 사람은 파시스트라고 해.

파시즘은 과도한 국가주의라는 특징을 가지고 있어. 국가와 민족의 번영을 위해선 모두가 단결해야 하니 개인의 자유와 권리 희생은 당연하다는 거지. 당시 독일, 이탈리아, 일본에서 독재정권에 반대하던 사람들은 고문당하거나 처형되는 등 가혹한 탄압을 당했어.

당시 파시스트들은 종교나 도덕을 낡은 것으로 여기고, 과학 만능주의에 입각해 다윈의 진화론 및 우생학을 인간사회에도 그대로 적용하려 했어. 자기 민족은 특별하고 우월하다는 거지. 독일의 히틀러가 다른 민족과 섞이지 않게 해야 한다며 유대인들을 골라내 집단 학살한 것은 잘 알고 있을 거야.

파시즘을 신봉하던 국가들은 우월한 민족이 열등한 민족을 지배하는 건 당연하다면서, 급기야 주변국들을 침공해 제2차 세계대전을 일으켰어. 미국뿐 아니라 소련조차 파시즘 국가들에 맞서 싸워야 했으니, 파시즘은 자유민주주의와 공산주의 모두의 적인 셈이야.

파시즘과 비슷하지만 구별되는 말로 쇼비니즘chauvinism이 있어. 자기가 속한 집단만 맹목적으로 떠받들고 다른 집단에 배타적이라는 점에서 둘은 비슷하지. 그러나 파시즘은 주로 독재국가의 정치적 성격을 가리키는 데 반해 쇼비니즘은 개인 차원이고 그 대상도 인종이나 문화 등 다양해.

예를 들어 미국의 백인 우월주의 단체 KKK는 인종 쇼비니즘이고, 프랑스 배우 브리짓 바르도가 한국의 개고기 문화를 비판한 건 문화 쇼비니즘이라 할 수 있어.

대중의 집단적인 감정은 적절하게 발산될 경우 2002년 한·일 월드컵 때처럼 멋진 응원 열기로 나타날 수 있지만 악용될 경우 무서운 결과를 낳기도 해. 대표적인 사례로 나치 독일의 유대인 학살이나 일본 관동 대지진 당시의 조선인 학살, 또는 중국 '문화혁명' 당시의 집단 학살과 문화재 파괴 행위를 꼽을 수 있지.

문화혁명文化革命

문화혁명 당시 중국은 문화와 예술과 학문의 암흑기였다.
문화혁명을 경험하며 자라난 중국인들을 문혁 세대라고 한다.

문화혁명이란 1966년부터 1976년까지 10년간, 중국의 마오쩌둥毛澤東모택동이 주도한 공산주의 사회 개혁 운동을 지칭하는 말이야. 그 열기나

과격함이 중국 사회를 완전히 뒤바꿔 놓을 만큼 굉장했기 때문에 '혁명'
이란 이름이 붙었지. '문화대혁명' 또는 줄여서 '문혁'이라고도 하는데,
그 표면적인 취지는 중국을 철저하게 공산주의화 하자는
것이었지만 실상은 마오쩌둥의 권력을 강화하기 위한 친
위 쿠데타에 가까운 것이었어.

마오쩌둥은 1949년 중국에 공산국가를 수립한 이래, 장
기간 최고 권력자의 지위에 있으면서 농업 중심이었던 중
국 경제를 중화학공업 중심으로 바꾸려 했어. 하지만 공
산주의 체제에서는 경제의 체질 개선이 쉽지 않았고, 1960년대에는 도
시 인구가 급격히 늘어나면서 주택과 일자리가 부족해지고 각종 사회문
제가 생겨났지.

경제 회복을 위해 류사오치劉少奇유소기와 덩샤오핑 등의 공산당 간부들
은 자본주의적인 경제 정책을 일부 도입했어. 그런데 그게 효과를 봤단
말이야. 자연스레 덩샤오핑 등이 정치권의 실세로 떠올랐지.

마오쩌둥 입장에서는 권력의 위기를 맞은 셈인데, 국민들이 이대로
점차 자본주의의 맛을 보게 되면 중국 공산주의의 상징인 자신의 입지
도 약해질 것 아니겠어? 더 늦기 전에 싹을 잘라야 할 필요성을 느꼈지.
그래서 그가 생각해 낸 대책이 바로 문화혁명이었어.

1966년, 마오쩌둥은 이상적 공산국가 건설을 위해서는 자본주의적
인 모든 것을 깨끗이 제거하는 혁명이 필요한데, 아직 자본주의의 때
가 묻지 않은 젊은이들이 혁명을 주도해야 한다고 학생들을 독려했어.
중국 건국 이래 10여 년간 마오쩌둥을 우상화하는 교육을 받으며 자
란 청소년과 대학생이야말로 마오쩌둥이 활용하기 가장 좋은 집단이

었지.

예상대로 단숨에 중국 각지에서 혈기 넘치는 젊은이들 약 1천1백만 명이 들고 일어났어. 이들은 집단적으로 몰려다니며 마오쩌둥의 사상과 맞지 않는 모든 사람들을 공격했어. 길거리에서 인민재판을 열어 의사, 교사 등 지식인들을 잡아 죽이고 공개 모욕했을 뿐 아니라, 구시대의 유물을 타파해야 한다며 귀중한 문화재와 서적들을 불살랐고, 전통 문화와 예술도 깡그리 없애 버렸지. 그 와중에 류사오치와 덩샤오핑도 사상이 불순하다는 이유로 쫓겨났기에 이후 마오쩌둥은 죽을 때까지 중국의 절대 권력자로 지낼 수 있었어.

이러한 일련의 과정을 문화혁명이라 일컫고, 당시 미친 듯이 몰려다니며 문화혁명을 주도하던 청년 집단을 '홍위병'이라고 해.

홍위병 紅衛兵. red guards

중국 문화혁명을 말할 때 빼놓을 수 없는 것이 홍위병이지. 문자 그대로 붉은 호위 군대라는 뜻인데, 대부분은 마오쩌둥과 그의 사상에 푹 빠져 있던 고등학생, 대학생들이었어. 홍위병이란 이름도 중국 공산당의 항일 투쟁 시절에 마오쩌둥이 지휘하던 부대인 홍군紅軍: 붉은 군대에서 유래한 거야.

　문화혁명 당시 홍위병들은 마오쩌둥의 사상만이 새로운 중국을 건설할 수 있다는 이유로 지식인들을 모조리 잡아 죽이고 모욕했을 뿐 아니라, 문화·예술 종사자들도 닥치는 대로 공격했지. 영화 〈패왕별희〉를 보면, 중국의 전통 무대예술인 '경극' 배우들이 홍위병들에 의해 거리에서 인민재판을 받으며 온갖 수모를 겪는 모습이 실감나게 그려져 있어.

　그런데 홍위병들은 점차 자기들끼리 싸우거나 공공 기관을 약탈하는 등 걷잡을 수 없이 날뛰기 시작했단 말이야? 마오쩌둥조차 위협을 느낄 정도였지. 결국 마오쩌둥은 1967년에 군대를 동원해서 반강제로 해산시켰고, 그렇게 홍위병은 역사 속으로 사라졌어.

　하지만 당시 홍위병에 의해 죽은 사람만 수십만 명에 달했고, 문화·예술·학문 발전이 멈춰 버리는 등 중국 사회는 큰 후유증을 겪어야 했어. 그 후 홍위병이란 말은 '특정인이나 사상을 맹목적으로 따르면서, 생각이 다른 이들에게 극단적인 말과 행동을 일삼는 과격한 세력이나 사람들'을 가리키는 대명사가 되었지.

　마오쩌둥이 죽고 한때 쫓겨났던 덩샤오핑이 권력을 잡으면서 중국 정부도 문화혁명과 홍위병이 잘못이었음을 인정했어. 그런데 이상한 것은 정작 문화혁명과 홍위병을 주도했던 마오쩌둥만은 여전히 중국에서 존경받고 있다는 점이야. 베이징 톈안먼天安門 천안문 광장에도 거대한 마오쩌둥의 초상화가 걸려 있어. 보통 정권이 바뀌면 종전의 권력자들은 비판을 받게 마련인데, 특이하지?

　아마도 중국 정부로서는 1930년대 장제스蔣介石 장개석의 국민당 정부에 맞서 '대장정' 끝에 중국에 공산당 국가를 세운 그의 공로를 부정하기 어려워서일 거야.

2

대장정
냉전체제
데탕트
좌익과 우익
큰 정부와 작은 정부
뉴딜정책
최저임금제
소셜 커머스
오픈 프라이스
틈새시장
규모의 경제
베블런 효과

대장정 大長征

대장정이란 1934년 마오쩌둥이 이끄는 중국 공산당군이 국민당군을 피해 약 12,500킬로미터를 도망친 사건을 가리키는 건데, 오늘날 중국을 있게 한 중요한 계기로 평가되고 있어.

대장정을 이해하려면 당시 중국의 시대적 배경을 좀 살펴볼 필요가 있어. 쑨원孫文손문은 신해혁명(1911년)을 일으켜 청나라를 무너뜨리고 중화민국을 세웠지만(1912년), 그 뒤로도 중국의 권력 쟁탈전은 끊이지 않았어. 1925년에 쑨원이 죽자, 후계자였던 장제스가 중국 국민당 정부의 리더가 되었어. 소련의 도움으로 모스크바에 유학 가서 지도자 교육을 받고 온 그는 중국 공산당과 힘을 합쳐 중국 내의 군벌들을 몰아내고(1차 국공합작) 명실상부한 중국의 지배자가 됐어.

하지만 일단 목표를 달성한 장제스는 소련의 영향력에서 벗어나고자 공산당 세력을 숙청하기 시작했어. 깜짝 놀란 소련은 이내 중국 공산당에게 장제스와 싸우라고 지시했지. 하지만 중국 공산당은 급조된 농민군밖에 없어서 국민당의 정규군 앞에 연전연패를 거듭했어.

당시 중국 공산당은 소련의 입김 아래 있었기에 주로 친親 소련파 공산주의자들이 실권을 쥐고 있었고 마오쩌둥은 중심부에서 밀려나 있었거든? 하지만 공산당이 정면대결에서 계속 깨지자, 게릴라 전술을 주장하던 마오쩌둥이 실권을 장악하게 되었지(그래서 중국 공산정권은 나중에도 소련과 독립적인 관계를 유지할 수 있었어).

하여간 마오쩌둥은 1934년 10월 16일, 중국 남부 장시성의 공산당 본거지에서 8만 명의 중국 홍군을 데리고 탈출 작전을 감행했어. 그 뒤를 수십만 명의 국민당 군대가 사정없이 추격했지. 살아남기 위해 마오쩌둥은 험준한 산골과 황무지로만 도망 다녀야 했어.

2년에 걸쳐 12,500킬로미터를 걸어서 도주한 끝에 1936년 10월 중국 산시성에 도착했는데, 첫 출발 당시 함께했던 8만 명 중 겨우 7천여 명만 남았어.

겉보기엔 장제스의 국민당 군대가 압도적인 승리를 거둔 듯했지. 하지만 농민군으로 구성된 중국 공산당군은 대장정을 통해 중국 방방곡곡의 농민들과 자연스레 어울리며 공산주의를 전파하고 민심을 얻었어. 또 전쟁에 아마추어였던 중국 공산당 지도부에게는 실전을 바탕으로 한 군

사 전략을 확실히 익히는 계기가 됐지. 게다가 에드거 스노란 사람이 마오쩌둥을 인터뷰한 뒤 『중국의 붉은 별Red Star Over China』이란 책을 내면서, 마오쩌둥과 대장정 이야기는 세계적으로 유명해졌어.

이처럼 온갖 고난을 극복하고 꿋꿋이 싸워 이기는 것, 민심을 얻기 위해 전국 각지를 다니는 것 등을 뜻하던 대장정이 요즘은 폭넓게 사용되고 있어. 자전거를 타고 멀리 여행을 다녀올 경우에도 '자전거 대장정'이라는 거창한 표현을 쓰곤 하지. 이때는 그냥 오랫동안 먼 길을 가는 여정을 뜻한다고 보면 돼.

하여간 대장정을 통해 중국 공산당은 민심을 확실히 얻었던 반면, 장제스의 국민당 정부는 공산당 토벌에만 몰두한 나머지 나라의 다른 일을 제대로 돌보지 않아 민심을 잃고 말았어.

대장정이 끝날 무렵엔 공산당이 거의 궤멸된 상태였기 때문에, 국민당 군대가 1, 2년 더 집요하게 공격했더라면 마오쩌둥도 더 이상 버틸 수 없었을지 몰라. 하지만 중국의 국민당 정부와 공산당 간의 내전이 계속되는 혼란을 틈타, 일본 군대가 본격적으로 중국 침공을 시작하면서 상황은 완전히 달라졌어.

장제스는 일본군보다 공산당을 먼저 없애려 했지만, 일본군을 막는 게 우선이라는 부하 장쉐량張學良 장학량이 반란을 일으켜 협박하는 바람에 어쩔 수 없이 공산당과 화해하고(2차 국공합작) 일본과 싸웠어.

그 덕에 겨우 살아난 마오쩌둥과 공산당은 힘을 키울 수 있었어. 일본이 패망한 뒤에는 국민당 정부와 전쟁을 벌여 승리, 결국 1949년 중국에 공산국가를 세워 오늘에 이르게 되었지.

중국에 공산정권이 들어선 것은 우리나라와 세계에도 영향을 미쳤어. 우리는 한국전쟁에서 중공군에 가로막혀 북한 땅을 수복하는 데 실패했고, 전 세계에는 수십 년간 '냉전체제'가 지속되었지.

냉전체제冷戰體制

수십 년간 지속된 냉전체제는 소련의 붕괴와 함께 끝났다.
옆집 아저씨는 부인과 크게 싸운 뒤로 아직 냉전 중이다.

냉전cold war이란 차가운 전쟁이란 뜻이야. 직접 무기를 들고 싸우는 전쟁, 즉 열전熱戰, hot war은 아니지만 전쟁 외의 온갖 영역에서 전쟁 같은 갈등과 긴장 상태가 있음을 뜻하는 말이지.

제2차 세계대전에서 비록 미국, 영국, 프랑스, 소련, 중국 등의 연합군이 승리했지만 동맹 관계는 오래가지 못했어. 소련 군대가 독일·일본군을 물리친 뒤 주둔했던 동유럽과 북한 등에는 공산주의 정권이 들어섰고, 중국도 공산당이 집권하면서 공산화되어 버렸지. 그러자 미국은 소련의 야심을 경계하여 서유럽과 일본, 대만, 우리나라 등 자본주의를 택한 국가들을 지원하기 시작했어. 결국 유라시아 대륙을 놓고 소련 중심의 사회주의·공산주의 국가들과 미국 중심의 자유주의·자본주의 국가들이 이데올로기이념 다툼을 벌여 갈등과 대립이 수십 년간 이어졌지. 이것을 냉전이라고 해. 그리고 오늘날 변화된 현실에 맞지 않게 낡은 이념에 매달려 있는 경우를 가리켜 '냉전적 사고방식'이라 하지.

냉전이란 말은 『동물농장』으로 유명한 영국 소설가 조지 오웰이 1945년에 처음 썼지만 그때는 미국과 소련의 갈등이란 의미로 쓴 것은 아니었어. 일본에 원폭을 투하한 이후 핵전쟁의 위협에 놓인 인류는 영원히 '평화 아닌 평화' 상태를 유지할 거라는 의미로 그 말을 사용했지. 지금의 의미로는 1947년 미국 대통령 보좌관이었던 버나드 바루크가 처음으로 썼다고 전해지고 있어. 미국과 소련은 냉전이라는 말에 걸맞게 1980년대까지 수십 년간 치열하게 핵무기 개발 등의 군비 경쟁과 007 같은 스파이들을 이용한 첩보전을 벌였고, 한국전쟁이나 베트남전쟁 같은 대리전을 치렀을 뿐 아니라 우주 로켓 발사 경쟁을 계속했지.

그러나 미국과 소련 두 나라가 직접 싸운 적은 없고, 다양한 방법으로 서로 으르렁대기만 했을 뿐이야. 예를 들어 1957년 소련이 최초의 인공위성 스푸트니크 1호를 발사하고, 이어서 1961년 4월 12일 소련의 우주비행사 유리 가가린이 보스토크 1호 로켓을 타고 인류 최초로 우주 비행에 성공하자 미국은 발칵 뒤집혔어. 질 수 없다고 여긴 미국은 1969년 닐 암스트롱이 조종하는 아폴로 11호 로켓을 통해 인류 최초로 달 표면을 탐사했고, 1977년에는 최초의 우주 왕복선 엔터프라이즈호를 발사했지. 이런 식으로 서로 실력 과시를 해 온 건데, 라이벌 관계에 있는 사람들끼리 흔히 벌이는 '신경전' 같은 느낌이 들지 않아? 그래서 '냉전'이란 말은 요즘도 사람들 간에 서로 눈 흘기며 견제하는 것을 가리키는 말로 쓰이고 있어.

그런데 냉전체제였다고 해도 미국과 소련이 수십 년간 으르렁대기만 했던 것은 아니야. 1970년대 초중반과 1980년대 중후반 2번에 걸쳐 양국은 서로에 대한 적대 행위를 자제하고 화해의 몸짓을 보였어. 그걸 가리켜 '데탕트'라고 하지.

데탕트 Détente

소련의 개혁·개방으로 미·소 양국 간에 새로운 데탕트가 시작되었다.
남북정상회담 이후 한반도에 데탕트 시대가 시작되는 것 아니냐는 기대가 있었다.

데탕트는 프랑스어로 완화, 휴식이라는 의미가 있어.

미국 중심의 자본주의 진영과 소련 중심의 공산주의 진영 간의 긴장 상태는 1970년대 들어 한 차례 완화되었다가 1979년 소련이 아프가니스탄을 침공하면서 다시 심각해졌고, 이후 1980년대 중반에 들어서면서 두 번째로 완화되었지. 그 두 번에 걸친 긴장 완화 시기를 데탕트라고 하고, 특히 두 번째 것을 신데탕트라고 해.

한국전쟁 당시 미국과 소련은 각각 자본주의와 공산주의 이데올로기를 사수하기 위해 한반도에서 치열한 대리전을 벌였고, 이후 1960년대까지는 문자 그대로 냉전 상태였지.

하지만 베트남전쟁을 겪으면서 상황은 달라졌어. 소련과 중국의 지원을 받은 베트남은 끈질기게 미군에 대항해 싸웠어. 게다가 베트남 사람들 대다수가 공산주의 쪽으로 돌아선 상황이었지. 베트남 국민의 지지를 잃어버린 사이공 정부를 단순히 이데올로기 때문에 계속해서 도와준다는 것은 미국 입장에서 볼 때 밑 빠진 독에 물 붓기였어.

미국은 기존의 냉전체제에 변화를 주기로 했어. 이데올로기보다 실리를 추구하던 외교학자 헨리 키신저 박사가 미국의 국무장관으로 등용되었고, 본격적인 데탕트 정책이 시작되었지.

소련과 중국은 같은 공산국가였지만 서로 주도권을 잡으려다 보니 사이가 좋지 못했는데, 마침 국경지대인 우쑤리 강 근처에서 양국 군인들이 다투다 전투가 벌어졌어. 키신저는 그때를 놓치지 않고 중국에 손을 내밀었지. 중국은 소련을 견제하기 위해 미국의 제안을 받아들였어.

비밀 협상 끝에 1971년 미국 국가대표 탁구 선수들이 중국을 깜짝 방문해 친선경기를 치르면서 외교 관계에 물꼬가 틔었지. 그다음 해인 1972년에는 닉슨 대통령이 중국을 방문해 마오쩌둥을 만난 뒤 팬더를 선물받기도 했는데 이것이 그 유명한 핑퐁탁구외교야.

이후 미국과 중국의 외교 관계는 빠르게 좋아져서, 1978년 12월 미국은 이데올로기상 동맹국이던 대만과 국교를 단절했고, 1979년 1월 1일 공산국가 중국과 수교했지.

소련은 안 되겠다 싶었던지 1979년 말 아프가니스탄을 침공했어. 미국과 동맹국들은 별 수 없이 소련에 맞서 아프간 저항군을 지원했고, 그렇게 다시 냉전체제가 굳건해졌지.

냉전체제를 상징적으로 보여 주는 사건이 1980년 모스크바올림픽 불참과 1984년 L.A.올림픽 불참이야. 미국, 일본, 우리나라 등 60여 개 나라가 소련의 아프간 침공에 반대해서 모스크바올림픽에 불참했거든. 4년 뒤 보복으로 소련, 북한, 동유럽 국가들이 L.A.올림픽에 불참했어.

하지만 1985년 소련의 최고지도자가 된 고르바초프가 개혁·개방 정책을 추진하면서, 냉전체제는 다시 신데탕트 시기를 맞이했어. 그 덕에 1988년 서울올림픽에는 세계 각국이 빠짐없이 참가했어. 드디어 1989년 12월, 고르바초프와 미국 조지 부시 대통령은 몰타 회담을 통해 냉전의 종식을 공식적으로 선언했어.

하지만 한반도에는 아직도 냉전체제의 후유증이 고스란히 남아 있어. 1945년 광복 직후 '좌익' 세력들이 세운 북한과 '우익' 세력들이 세운 대한민국이 아직까지도 서로 적대시하고 있으니까. 아무쪼록 한반도에도 신데탕트 시기가 하루 속히 오기를 기원해야겠지.

좌익左翼과 우익右翼

한국전쟁 직전 우리나라는 좌익과 우익으로 나뉘어 사회 갈등이 심각했다.
시대와 나라에 따라 좌익과 우익 개념은 조금씩 다를 수밖에 없다.

좌익과 우익이란 각각 왼쪽 날개, 오른쪽 날개라는 뜻이야. 근대 이후의 정치에서는 이념을 기준으로 크게 2개의 진영으로 나누는 경우가 많았는데 좌익과 우익을 각각의 진영을 지칭하는 말로 사용했어.

비슷한 용어로 좌파와 우파가 있고, 일본에서는 혁신과 보수라는 용어를 쓰기도 했지. 보·혁 갈등이라고 하면 정치 이념 간의 대립을 말하는 거야.

좌익이냐 우익이냐의 기준은 시대와 나라에 따라 다르지만, 일반적으로 대비되는 특징이 몇 가지 있어. 산업혁명 이후 지난 수백 년간 세계 각국에서는 노동자와 자본가 계급 간의 갈등이 주로 문제가 되었어. 주로 노동자들은 좌익, 자본가들은 우익으로 분류되지.

그래서 좌익은 주로 진보, 사회 개혁, 소득 분배, 서민층, 사회주의, 국제 평화, 반전 사상, 군비 축소 등과 연관되는 반면, 우익은 주로 보수, 질서유지, 경제성장, 부유층, 자본주의, 국수주의(국익 위한 전쟁 불사), 군비 증강 등과 연관될 때가 많지.

좌익과 우익이라는 말은 18세기 말 프랑스혁명 당시 프랑스 국회 회의장의 좌석 배치에서 유래된 거라고 해. 의장석에서 볼 때 왼쪽에는 혁명파 평민 대표들이, 오른쪽에는 왕당파 귀족들이 앉아 있었다지. 혁명이 성공한 뒤에도 왼쪽에는 급진파(자코뱅당), 중앙에는 중도파, 오른쪽에는 온건파(지롱드당)가 앉아 있었다고 해(사실 프랑스 왕정복고파의 입장에서 볼 때는 그들 모두가 좌익 세력이었겠지만).

다른 나라들은 어땠을까? 러시아 볼셰비키혁명 때는 사회주의자들이 좌익, 황제 지지 세력이 우익으로 나뉘어 전쟁을 벌였어. 나치 독일이나 제국주의 일본 같은 파시즘 국가에서는 사회주의자건 미국식 자유주의자건 간에 좌익으로 몰렸구. 제2차 세계대전 이후로는 소련 중심의 공산주의·사회주의는 좌익, 미국 중심의 자본주의·자유주의는 우익으로 분류됐지. 하지만 1960~1980년대 우리나라나 중남미의 군사독재 정권 아래서는 사회주의건 자유주의건 다 좌익으로 취급받았어. 다들 군사독재 정권을 비판하고 사회 개혁을 외쳤기 때문이지. 그러니 좌익과 우익은 결국 상대적인 개념에 불과한 거야.

우리나라에선 유독 친북 대 반북을 기준으로 좌익이냐 우익이냐를 나누고 좌익을 '좌빨', '빨갱이'라 매도하는 경향이 있어. 한국전쟁 이래로 북한과 휴전선을 두고 대치해 온 우리의 안타까운 현실이지.

그러나 지금은 좌익=공산주의, 우익=자본주의라는 논리가 통하던 냉전체제 때와는 달라. 오늘날 대부분의 선진국에서는, 자본주의를 전제로 하되 자유민주주의에 사회민주주의 요소를 가미하여 '큰 정부'를 주장하는 이들은 좌익, 그것에 반대하여 '작은 정부'를 주장하는 이들은 우익으로 분류되지.

큰 정부와 작은 정부

큰 정부든 작은 정부든 시대와 상황에 맞아야 바람직한 정부 형태라 할 수 있다.
작은 정부를 목표로 한다지만 정작 지나고 보면 큰 정부로 판명되는 경우가 많다.

큰 나라는 큰 정부, 작은 나라는 작은 정부일까?

답은 "아니요"야. 큰 정부를 가진 작은 나라도 있고, 작은 정부를 가진 큰 나라도 있으니까. 그럼 큰 정부와 작은 정부의 기준은 뭘까? 건물 숫자와 크기? 공무원 수? 이렇게 물어볼 때는 그게 아니라는 걸 벌써 눈치챘겠지?

둘 중에선 '작은 정부'라는 용어가 먼저 나타났는데, 영국의 애덤 스미스와 리카도가 주장했어. 그들은 정부의 역할을 국가 방위와 치안 유지로만 제한하면, 개인이나 기업이 자유롭게 경제활동을 할 수 있어서 경제도 성장하고 분배도 조화롭게 이뤄진다고 했어. 정부의 역할은 작을수록 좋다는 거지. 다른 말로 '야경국가'라고도 하는데, 정부는 국민의 안전을 위해 야간 순찰만 하면 된다는 뜻이야.

그런 주장이 왜 나왔을까? 당시 유럽 각국은 이른바 중상주의 국가였어. 경제가 국력임을 깨달은 프랑스, 스페인 등은 강력한 왕권을 토대로 상업과 무역을 중시하여 경제 발전을 꾀했어. 그런데 오히려 국가가 나서니 비효율적이더라는 게 애덤 스미스의 생각이었지. 당시 유럽 각국이 큰 정부였기 때문에, 역설적으로 작은 정부론이 나온 거야.

이후 작은 정부론은 주로 보수 우파에게 인기를 얻었지. 영국 대처

중상주의重商主義
국가가 나서서 무역을 장려하여 나라를 부강하게 만들려는 사상이나 경제 정책.

총리가 이끄는 보수당 정권과 미국 부시 대통령 등을 배출한 공화당 정권이 작은 정부를 지지했어.

반면 '큰 정부론'은 1930년대 세계 경제 대공황을 거치면서 힘을 얻기 시작했지. 큰 정부론을 지지하는 사람들은, 경제 시스템 자체가 붕괴되는 상황에서 정부가 팔짱만 끼고 있어선 안 된다고 주장해. 애덤 스미스의 경제학 이론과 달리, 현실에서는 경제를 방치할 경우 소수의 독점 대기업들 때문에 불평등이 심해지고 경제 위기가 극심해질 수 있으므로 정부가 개입해서 교통 정리를 해 줘야 한다는 거야.

이에 미국은 대공황 극복을 위해 정부가 나서서 일자리도 만들고 복지 혜택을 늘리는 뉴딜정책을 시작했고, 이후 큰 정부론은 주로 진보 좌파에게 인기를 끌었어. 북유럽의 복지국가들이 큰 정부론을 지지하는 대표적인 나라들이야.

우리나라에서는 군사독재 정권 직후 김영삼 대통령이 작은 정부론을 들고 나왔어. 하지만 사회 전체적으로 작은 정부론에 대한 이해가 부족하다 보니, 주로 공무원 숫자가 늘었냐 줄었냐만 가지고 논란이 벌어지곤 했어.

사실 우리나라에선 진보와 보수의 정치적 이념보다는 세계 경제의 흐름에 따라 큰 정부론과 작은 정부론이 번갈아 나타났던 편이야. 예를 들어 1997년 외환위기 이후 정부의 규제가 획기적으로 줄었는데(작은 정부), 당시는 진보 성향의 민주당 김대중 정부 시절이었거든. 반면 세계 경제 위기가 극심해지자 보수 성향의 한나라당 이명박 정부도 미국 민주당의 '뉴딜정책'을 본받겠다며 경제에 적극적으로 개입하고(큰 정부) 있지.

뉴딜정책이 실제로 경제 대공황 극복에 효과적이었는지에 대해서는 논란이 있다.
한국판 뉴딜정책이라 할 수 있는 대규모 경제정책이 조만간 시행될 예정이다.

뉴딜정책은 1930년대 세계 경제 대공황을 벗어나기 위해 미국의 프랭클린 루스벨트 대통령이 내놓은 여러 가지 경제 개혁 정책들을 일컫는 말이야.

원래 뉴딜이란 트럼프 게임에서 카드를 새로이 돌리는 것을 말하는데, 새로운 게임을 하듯이 새로운 정책으로 미국 경제를 살려 보자는 뜻을 담고 있어.

1929년 미국 뉴욕 주식시장의 주가 대폭락을 계기로 시작된 경제 불황은, 미국을 넘어 세계적인 대공황으로 번져 나갈 만큼 심각했어. 실업자와 자살자가 속출했고 살인적인 물가 때문에 국민들이 생활고에 시달렸어. 당연히 미국 국민들은 변화를 갈망했지. 이에 1932년 미국 민주당 대통령 후보였던 루스벨트는 '잊힌 사람들을 위한 뉴딜'이라는 정치적 구호를 내세워 공화당 후보를 누르고 대통령에 당선됐어.

이후 그는 진보적 학자와 전문가 집단으로 구성된 브레인 트러스트brain trust를 활용해 여러 가지 경제·사회 개혁 정책을 내놨어. 증권거래위원회SEC와 예금보험공사FDIC를 설립해 금융거래를 규제하는 동시에 은행에 위기가 닥쳤을 경우 정부가 일정 금액의 예금을 대신 보장해 주는 제도를 만들었고, 농업조정법을 만들어 농업 생산량을 조절함으로써 농작물 가격을 고르게 유지하도록 했으며, 최저임금제와 노동시간

제한 제도를 도입해서 노동자들의 권리를 보호했지. 그 외 테네시 강 유역에 다목적 댐을 만들어 홍수를 방지하고 지역 개발 및 일자리 창출을 시도했어.

그 외에도 여러 가지 정책이 있지만, 뉴딜정책의 가장 큰 역사적 의미는 앞서 봤듯이 '큰 정부론'의 실천이라는 데 있어. 애덤 스미스로부터 시작된 자유방임주의 경제 이론은 결국 미국 사회에 독과점과 빈부 격차와 대공황이라는 부작용을 낳았단 말이지.

이에 루스벨트는 존 메이나드 케인스라는 경제학자의 이론을 받아들여 미국 경제체제에 사회주의적인 제도를 대폭 가미했어. 이걸 케인스주의 또는 수정자본주의라고 해.

실제로 뉴딜정책이 미국 경제를 살렸느냐에 대해서는 오늘날까지도 논란이 있어. 케인스주의자들의 주장과는 달리, 미국 경제는 제2차 세계대전 당시 전쟁 물자 생산과 소비가 늘어나 살아났을 뿐 뉴딜정책 덕분은 아니라는 주장이 있거든.

우리나라에서는 뉴딜정책이 원래 뜻과는 조금 다른 의미로 쓰이는 경우가 많아. 경제 불황을 타개하고자 정부가 막대한 돈을 들여 초대형 토목 공사를 일으키고, 그걸 통해 건설업체에 일감을 주고 일자리를 만들자는 정책을 뉴딜이라고 치켜세웠던 예가 여러 번 있었어.

물론 미국의 뉴딜정책 중 댐 건설도 있기는 했지만, 그건 한 부분에 지나지 않아. 뉴딜의 핵심은 자유방임주의 경제 아래서 누적된 사회적 불평등을 해소하자는 것이지, 단순히 정부가 돈을 풀어 경기를 띄우는 걸 말하는 게 아니거든. 루스벨트도 "부자를 더 부유하게 하는 것보다 서민을 풍요롭게 하는 게 진보"라고 말했어. 그런 의미에서 예금보험

제도를 만들어 서민을 위한 금융거래 안전판을 만든 것이나 '최저임금제'를 통해 노동자들의 삶의 질을 높인 복지 정책이야말로 뉴딜의 본 모습이라 할 수 있지.

최저임금제 最低賃金制

정부가 노동자들이 받는 임금의 최저 금액을 정해 놓고 지키도록 강제하는 것을 최저임금제라고 해. 노동자들이 가족의 생계를 책임지고 최소한의 자녀교육과 문화생활을 즐길 수 있도록 하기 위해서는, 그 사회의 물가를 감안한 최소한의 금액 이상은 벌어야 한단 말이지.

그런데 자본주의 사회에서 노동자들은 사회적 약자거든? 그러니 최저임금 이하로 돈을 줘도 울며 겨자 먹기로 일할 수밖에 없는 경우도 많아. 그러면 노동자들은 가난을 벗어날 수 없으니 결국 사회문제가 될 수밖에 없지. 그래서 정부가 나서서 최저임금을 정하고, 기업인들이 의무적으로 지키게 하는 거야. 그러면 소득 불평등도 완화될 수 있을 테니까.

이 제도는 1938년 미국에서 뉴딜정책의 일부로 '공정노동기준법Fair Labor Standards Act'이 제정되면서 세계적으로 널리 퍼져 나갔어. 우리나라 헌법에도 노동자에게 적정 임금이 보장된다고 적혀 있고(제32조), 1988

년부터 최저임금법이 시행되고 있지.

그런데 최저임금제에는 앞서 본 장점들만 있는 것이 아니야. 부작용도 분명히 있어.

원래 최저임금은 물가 상승을 감안해서 매년 조금씩 인상하는 게 정상인데, 얼마 전부터 최저임금액 인상을 아파트 경비원들이 반대한다는 얘기가 언론에 보도되었어.

임금을 올려준다는데 왜 반대했던 걸까? 임금이 오르면 아파트 관리비도 오르기 때문에 관리비 절감을 위해 경비원 숫자를 줄일까 우려한 거였어.

이처럼 최저임금제는 일자리가 확실히 보장된 노동자들에게는 유리하지만, 언제든 잘릴 수 있는 노동자들에게는 오히려 일자리 자체가 사라질 수 있다는 게 문제점이야. 경기가 좋아서 일자리가 넘친다면 최저임금을 많이 올려도 괜찮겠지만, 요즘처럼 경기가 어려울 때는 일자리가 줄어들 수 있으니 말이야.

최저임금제는 원래 경기 불황기에 노동자들의 생활수준을 보장하기 위한 건데, 정작 불황기에 이런 문제점이 나타난다는 점은 아이러니지.

이러지도 저러지도 못할 안타까운 일이지만, 경제 현상은 사소해 보이는 것이라도 이처럼 반드시 연쇄 효과가 일어나게 마련이야. 그걸 제대로 예측하지 못하면 경제정책은 실패로 돌아가기 쉬워. '오픈 프라이스' 제도처럼 말이야.

오픈 프라이스 open price

오픈 프라이스 시행 이후 과자와 아이스크림 가격이 되레 올랐다.
말 많고 탈 많던 오픈 프라이스 제도는 시행한 지 겨우 1년 만에 폐기됐다.

오픈 프라이스는 상품의 가격을 미리 정하지 않고 자유롭게 놔둔다는 뜻이야. 과자나 라면 포장지에는 700원, 1,000원 하는 식으로 '권장소비자가격'이라는 게 적혀 있었잖아? 그 가격 표시를 없애고 판매업자가 알아서 판매 가격을 정하자는 게 오픈 프라이스제야. '판매 가격 표시제'라고도 해.

이런 제도가 왜 생겼을까? 권장소비자가격은 상품을 만드는 제조업체가 정하는 가격인데, 슈퍼마켓이나 할인마트 등 판매업체에서는 꼭 그 가격으로 팔 필요가 없거든? 그래서 1,000원짜리 물건을 900원에 팔거나 때로는 반값으로 파는 경우도 있었지. 대표적인 게 반값 아이스크림이야.

그러다 보니 권장소비자가격이란 게 별 의미가 없는 듯도 하고, 왠지 일부러 비싼 가격을 매겨 놓고 할인해 주는 것처럼 보이더란 말이야. 그래서 2010년 7월 지식경제부는 의류, 라면, 과자, 아이스크림 등 가공식품 4종에 대해서도 오픈 프라이스제를 시행했어(텔레비전 등은 1999년부터 오픈 프라이스가 시행되고 있었어). 물가를 낮추기 위해서였지. 판매업체들이 가격을 정하게 되면 손님을 끌기 위해 가격을 더 낮출 것이고, 소비자들도 더 싸게 물건을 살 수 있으리라 본 거야.

게다가 미국은 오픈 프라이스가 관행이어서, 거의 모든 상품의 가격을 판매업체가 정하지. 그러니 공무원들이 봤을 때 그것은 선진적이면서도 충분히 실현 가능하게 보였을 거야.

사실 우리나라 경제부처 공무원 중 미국식 제도가 무조건 최고인 줄 아는 사람들이 꽤 많거든. 한국전쟁 이후 우리 사회가 미국 도움으로 발전한 데다 미국 유학을 다녀온 이들도 많고, 특히 외환위기 이후 경제 제도 대부분이 미국식으로 개정됐기 때문이야. 하지만 선진국은 미국만 있는 게 아니라 유럽도 있고, 또 각 나라마다 고유한 상황이 있는데 무턱대고 따라 하는 건 옳지 않겠지?

하여간 지식경제부는 자신만만하게 앞서 말한 4가지 품목에 대해 오픈 프라이스제를 밀어붙였는데, 그 결과는? 1년 만에 폐지! 완벽한 실패로 돌아갔지. 소비자들은 상품 가격이 없으니 일일이 점원에게 물어봐야 했고, 판매업자들도 얼마에 팔아야 할지 골치 아파했어.

더 심각한 문제는 대부분의 상품 가격이 은근 슬쩍 인상됐다는 점이야. 물가를 낮추려 도입한 제도가 도리어 물가를 올렸으니, 혹 떼려다 혹 붙인 꼴이지.

미국에서 성공한 제도가 우리나라에서 실패한 이유는, 당연한 얘기지만 미국과 우리나라의 상황이 다르기 때문이야. 미국 시장은 수많은 업체들이 난립하며 치열하게 가격 경쟁을 벌이지만, 우리나라 식품업계는 소수의 제조업체와 대형 판매업체들로 독과점된 시장에 가까워 가격 경쟁에 한계가 있거든. 그나마 권장소비자가격이 있을 때는 정부와 국민 눈치가 보여 가격을 섣불리 올리지 못했지만, 가격 표시가 사라지자마자 제조업체와 판매업체가 서로 핑계를 대며 가격을 슬쩍 올려 버렸단 말이지. 그러니 라면과 과자 값이 내리기는커녕 훨씬 더 오른 거야. 이거야말로 정부의 대표적인 정책 실패 사례라고 할 수 있지.

한편, 인터넷 쇼핑몰에서는 최저가 검색 덕분에 사실상 오픈 프라이스제가 실시되고 있는 것이나 마찬가지야. 한 걸음 더 나아가 티몬이나 쿠팡 같은 '소셜 커머스'도 유행하고 있지.

소셜 커머스 social commerce

소셜 커머스를 통해 식사권을 구입하면 반값에 식사를 할 수도 있다.
소셜 커머스가 인기를 끌면서, 업체들이 우후죽순처럼 늘어나고 있다.

소셜사회적 커머스상거래란, 트위터나 미투데이 등 소셜 네트워크 서비스 SNS나 인터넷을 통해 이뤄지는 전자 상거래를 가리키는 말이야. 소셜 쇼핑Social shopping이라고도 해.

원래 장사하는 사람들은 정가로 1개씩 파는 것보다 좀 할인해서라도 박리다매하면 더 이롭기 때문에, 여러 명이 공동으로 구매할 경우 값을 깎아 줄 여력이 생기거든?

그런데 요즘은 인터넷과 SNS 덕분에 공동구매할 사람을 모으는 게 쉬워졌단 말이야. 자연스레 온라인 공동구매가 늘어났고, 2005년 미국 야후의 장바구니 공유 서비스에서 처음으로 소셜 커머스란 말이 등장했어. 이후 2008년 미국의 그루폰groupon이란 업체가 한 걸음 더 나아가 SNS를 이용한 할인쿠폰 공동구매 사업을 시작해 큰 성공을 거두면서, 전 세계에 소셜 커머스 대유행이 시작되

> **박리다매**
> 이윤을 조금만 보고 싸게 파는 대신 판매량을 늘려 전체적으로 더 큰 이득을 보고자 하는 상품 판매 기법.

었어.

소셜 커머스의 원리는 이런 거야. 소셜 커머스 업체가 일정 숫자 이상으로 사람들을 모아 오면, 물품이나 서비스 판매업자는 파격적인 가격으로 쿠폰을 판매하지. 소셜 커머스 업체는 판매업자 또는 양측 모두로부터 수수료를 받아서 돈을 버는 거야.

그런데 요즘 소셜 커머스 사이트를 보면, 10분의 1밖에 안 되는 가격으로 팔기도 한단 말이야? 소비자들이야 당연히 이게 웬 떡이냐 하겠지만, 대체 판매업자들은 뭘 먹고사는 걸까? 그쯤 되면 박리다매를 넘어서 판매할수록 손해일 텐데 말이지.

그 비밀은 바로 '입소문을 통한 홍보 효과'에 있어. 휴대전화나 패밀리 레스토랑 식사 가격에는 사실 막대한 광고·홍보 비용이 포함되어 있거든? 유명 연예인을 쓴 텔레비전 광고를 하려면 수십억 원이 들기도 하는데, 그 비용을 줄인다면 당연히 상품 가격도 확 낮출 수 있겠지.

소셜 커머스는 이 점을 주목한 거야. 소비자들이 자발적으로 상품을 홍보하면서 공동구매자들을 모으기 때문에 판매업자는 광고·홍보 비용이 거의 들지 않지. 그러니 자기네 업체와 상품을 널리 알릴 절호의 기회라고 생각한다면 한 번쯤 큰 손해를 보더라도 괜찮다는 거야. 요즘은 입소문이 나야 장사가 잘되니까. 업체와 소비자 모두 누이 좋고 매부 좋은 셈이지.

그런데 요즘엔 소셜 커머스의 부작용도 심심치 않게 들려오지? 일부 업체들이 소셜 커머스 소비자들에게 질 낮은 제품이나 서비스를 내놓는 바람에 분쟁이 자주 일어나고 있어. 값싸게 홍보는 하면서도 손해는 보기 싫다는 심보인데, 당장 소비자들이 피해를 입을 뿐 아니라 관련 업체의 평판도 아주 나빠질 수밖에 없어. 그래서 이른바 명품 업체들은 소셜 커머스에서 찾아보기 어려워. 그들은 박리다매와는 정반대의 판매 전략을 쓰고 있어. '베블런 효과'라는 사회현상을 이용해서 말이지.

베블런 효과 Veblen effect

불황기에도 명품 판매량이 줄지 않는 것은 베블런 효과로 설명할 수 있다.
경기 침체 속에서도 수입차 매출 상승, 베블런 효과 입증.

원래 경제학 이론에서는 가격이 비싸질 경우 수요가 줄어야 정상이거든? 하지만 자신의 부를 과시하려 하는 상류층 소비자들은, 비싸서 아무나 살 수 없는 상품일수록 더 사고 싶어 하기 때문에 수요가 늘어난다고 해. '나는 너희들보다 돈 많고 특별한 존재'라는 걸 보여 주려 한다는 거야. 이것을 베블런 효과라고 해.

상류층의 그런 사고방식을 비아냥거리는 의미에서 속물 효과 또는 백로효과(白鷺效果)라고도 함.

부유한 상류층 소비자들의 소비 행태를 가리키는 이 말은 미국의 사회학자인 베블런이 『유한계급론』에서 처음 언급했어.

도덕적으로 옳으냐 그르냐를 떠나 베블런 효과가 존재한다는 것은 엄연한 현실이고, 그걸 잘 이용하면 돈을 벌 수 있기 때문에 수많은 기업들은 그에 맞는 판매 전략을 쓰고 있어. 박리다매와는 정반대의 고가 전략이지. 판매량을 줄이고, 그 대신 고급스럽게 만들고 비싸게 팔아 더 큰 이득을 보는 거야. 예를 들어 의류업계에서는 같은 브랜드에서도 일부 고급형 제품에 '블랙라벨'이라는 걸 붙여 훨씬 더 비싸게 판매하고 있어. 가전제품 업계에서도 제품에 유명 예술가나 디자이너의 이름을 붙여 한정판이랍시고 판매하는 경우가 있는데, 비슷한 성능의 일반 제품보다 더 비싼데도 잘 팔린다지.

VVIP_{very very important person} 마케팅도 아마 많이 들어 봤을 거야. VIP란 말이 점차 흔해지다 보니 상위 1퍼센트의 부유층만 따로 구별해 그들만을 위한 판매를 하겠다며 나온 말이야. 그런 VVIP들의 소비 행태를 말할 때 빼놓을 수 없는 것이 '명품' 의류 브랜드들이지. 언론 보도에 자주 등장하는 루이뷔통이나 샤넬 핸드백은 수백만 원이나 하기 때문에 웬만한 사람들에겐 그림의 떡이라 할 수 있어.

그런데 의외로 그런 비싼 백을 갖고 있는 이들이 꽤 많단 말이야? 그 많은 사람들이 다 부자는 아닐 테고, 결국 무리해서라도 백을 장만했다는 뜻이거든.

사실 상류층이 일단 과시용으로 소비를 시작하면, 그것이 신분을 상징하게 되어 너도나도 동참하려는 경향이 있어. 즉 그런 제품을 가짐으로써

'나도 이 사회의 주류에 포함됐다'는 소속감 비슷한 느낌을 얻고자 한다는 거지. 우리 친구들이 "반에서 왕따를 면하려면 노스페이스 점퍼가 필요하다"고 엄마를 조르는 것도 비슷한 심리 현상이라고 할 수 있어.

하지만 그렇게 특정 제품이 대중적 인기를 끌게 되면, 정작 상류층들은 더 비싼 것을 찾아 나선단 말이야. 대중화된 제품으로는 차별화가 어려우니까. 그래서 요즘 상류층들에겐 개당 1천만 원이 넘는 에르메스 핸드백이 인기라는데, 예약 대기자만 1천 명을 넘어섰다지.

하여간 사람들의 이런 심리 때문에 명품과 관련된 부수적인 사업들도 속속들이 생겨나고 있어. 고급 핸드백 전문 수선 업체라든지, 중고 명품 거래 전문 인터넷 사이트 같은 것들 말이야. '틈새시장'을 잘 파악했다고 할 수 있지.

틈새시장

새롭게 창업하려면 틈새시장을 이용하는 것도 좋은 방법이다.
김치냉장고의 성공 비결은 기존 가전제품 업계의 틈새시장을 잘 포착한 데 있다.

예전에 〈개그 콘서트〉에서 개그우먼 박지선이 "틈새시장을 노립시다"라는 개그를 유행시킨 적 있었는데 기억나? 인기 많은 남자에게 접근하려면 남들이 다 하는 방식으로는 어려우니, 기상천외한 방법을 통해 빈틈을 노리자는 게 핵심이었지.

틈새시장은 바로 그런 거야. 영어로 니치 마케팅niche marketing이라고 하는데, niche란 틈새라는 뜻 외에도 '남들이 아직 모르는 좋은 낚시터'라는 뜻을 담고 있거든. 그런데서 낚시를 하면 적은 노력으로도 많은 물고기를 낚을 수 있을 것 아니겠어?

그런 뜻에서 틈새시장이란 말 역시 남들이 아직 모르는 소규모의 특정한 시장을 찾아 집중 공략함으로써 짭짤한 이득을 얻는 영업 전략을 가리키게 됐지. 앞서 얘기한 고급 핸드백 전문 수선점 외에도 왼손잡이용 마우스 등이 틈새시장을 잘 활용한 사례라 할 수 있어.

비슷한 말로 블루오션blue ocean:푸른 바다이 있어. 우리나라의 김위찬 교수가 프랑스의 르네 모보르뉴 교수와 함께 만든 기업 경영 이론이지. 수많은 경쟁자들로 우글거리는 기존 시장을 레드오션red ocean:붉은 바다이라 한다면, 블루오션은 아직 경쟁자가 없는 미개척 시장을 가리키는 뜻이야. 그런 영역에서 장사를 한다면 훨씬 수월하겠지?

다만 블루오션과 틈새시장은 약간 차이가 있어. 틈새시장은 주로 기존 경쟁자들이 미처 신경 쓰지 못했던 소규모의 특정 영역을 가리키는 반면, 블루오션은 바다라는 말이 말해 주듯 경쟁자만 없다 뿐이지 상당한 규모의 새로운 시장을 가리키는 거야.

또한 틈새시장은 아이디어와 전문성만 있으면 얼마든지 공략할 수 있지만, 블루오션은 아주 혁신적인 제품이나 서비스를 통해 원래는 없던 시장을 새로 만들어 낼 정도여야 한다는 점에서 차이가 있지. 예를 들어 아이패드로부터 태블릿 PC 시장이 생겨난 것, 꼬꼬면이 흰 국물 라면 시장을 새로 만들어 낸 것 등이 블루오션 사례라 할 수 있어.

그런데 아무리 블루오션과 틈새시장을 잘 공략했다고 해도, 거기서 이익이 많이 난다는 것이 알려지면 금방 경쟁자들이 따라붙게 마련이야.

결국 시간이 좀 지나면 피 튀기는 레드오션으로 변할 수밖에.

그래서 기업들은 선택의 기로에 서게 되지. 또 다른 블루오션이나 틈새시장을 찾아 나서거나 아니면 후발 주자보다 앞선 경쟁력을 갖춰 레드오션에서 싸워 이기거나 둘 중에 하나를 택해야 한다는 뜻이야. 이도저도 못 한다면 결국 경쟁에서 밀려날 수밖에 없겠지.

블루오션과 틈새시장을 매번 찾을 수는 없기 때문에 레드오션에서 싸워 이기기로 결심한 기업들은 '규모의 경제'라는 개념에 따라 대규모로 시설 투자를 하는 경우가 많아.

규모의 경제規模 經濟, economy of scale

규모의 경제를 실현하기 위해서는 대규모의 공장 설비 투자가 필요하다.
삼성 반도체의 세계 제패는 규모의 경제를 잘 실현한 사례라 할 수 있다.

규모의 경제란 상품의 생산 규모가 늘어나면서 생산 비용이 절감되거나 수익이 늘어나 이익을 거두는 것을 말해. 원래 생산 규모가 늘어나면 어느 정도까지는 상품 개당 생산 비용이 줄어들거든. 그 점을 이용하는 거지.

무슨 소린지 잘 모르겠다구? 좀 더 쉽게 설명해 볼게.

어떤 공장에서 샤프를 만드는데, 샤프가 잘 팔려서 공장 설비와 근로자를 2배로 늘렸다고 쳐. 단순하게 계산하면 샤프 생산량도 2배로 늘겠지?

하지만 기계를 최신식으로 설치한다든지, 근로자들을 더 효율적으로 배치하면 샤프 생산량이 2.5배나 3배로 늘리는 것도 가능할 수 있거든? 설령 샤프 생산량이 딱 2배만 늘어나더라도, 그걸 생산하는 데 드는 비용이 예전보다 1.5배밖에 안 들었다면 그 역시 남는 장사야. 이런 2가지 경우를 규모의 경제라고 하는 거야.

규모의 경제는 주로 제조업 분야에서 경쟁력을 확보하기 위해 시도되고 있어. 대표적인 예로 삼성전자와 하이닉스의 반도체 사업을 들 수 있지.

메모리 반도체는 기술력도 중요하지만 무엇보다도 대량생산을 통해 개당 제조 비용을 줄여야 해. 삼성전자와 하이닉스는 일찌감치 수십조 원의 거액을 들여 최신식 대규모 생산 설비를 갖췄어. 그걸 통해 메모리 반도체 제조 비용을 파격적으로 낮췄고, 박리다매 전략을 써서 일본과 독일 기업들을 제치고 세계 시장을 석권할 수 있었던 거야.

물론 규모를 늘린다고 다 좋은 건 아니야. 규모의 비경제diseconomies of scale도 있을 수 있기 때문이지. 다시 샤프 공장을 예로 들어 보자면, 공장 설비를 늘리려는데 예전보다 주위 땅값이 많이 올라 투자비가 너무 많이 들었다거나, 근로자를 늘리긴 했는데 숙련되지 못해서 샤프 생산량이 2배에 못 미치는 경우도 얼마든지 있을 수 있거든.

규모의 경제가 영원할 수 없다는 점도 문제지. 앨프리드 마셜이란 경제학자에 따르면, 어떤 기업이 규모의 경제를 일단 이룩하더라도 후발주자들이 더 대규모로 투자해서 추격해 오면 금방 그 지위를 위협받게 된다고 해.

실제로 일본은 조선 산업을 키워서 한때 세계를 제패했지만, 우리나라의 조선업계가 값싼 노동력을 이용해 일본을 제치고 거의 10년째 세계 1위를 차지하고 있거든. 그런데 최근 중국이 우리보다 값싼 노동력을 바탕으로 조선 산업에 막대한 투자를 해서 우리의 지위를 위협하고 있단 말이야.

마셜은 기업을 생물학의 세포로 비유함으로써 이런 현상을 설명했어. 초창기에는 활기차게 성장하던 기업도 너무 덩치가 커지면 나태해져서 결국 새로운 기업들에게 밀려난다는 거야. 늘상 하던 대로 하는 '매너리즘'에 빠져서 변화에 적응하지 못하기 때문이라는 거지.

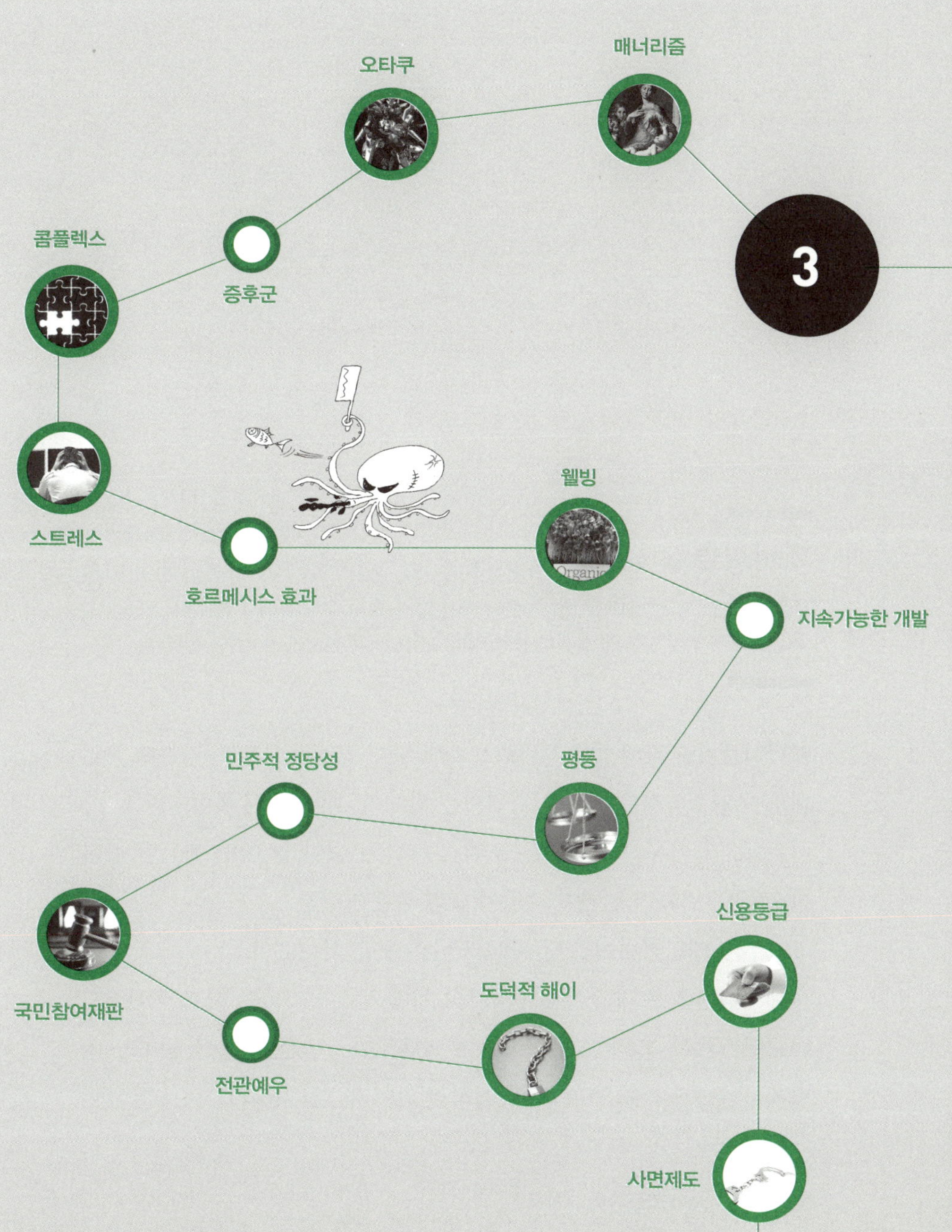
오타쿠
매너리즘
콤플렉스
증후군
3
웰빙
스트레스
호르메시스 효과
지속가능한 개발
민주적 정당성
평등
신용등급
도덕적 해이
국민참여재판
전관예우
사면제도

매너리즘 mannerism

요즘 TV 예능 프로그램들은 매너리즘에 빠져 있는 듯 다 그 나물에 그 밥이다.
별다른 노력 없이 일이 잘 풀리다 보면 매너리즘에 빠져 현실에 안주하게 된다.

매너리즘이란 창의성이나 새로운 것에 대한 도전정신 없이 기존에 하던 대로만 안주하려는 태도를 가리키는 말이야. 대개 좋지 못한 의미로 쓰이는데, 그 이유는 사람이든 조직이든 발전 없이 늘 하던 대로만 하다 간 시대의 변화에 뒤처질 수밖에 없기 때문이겠지.

그런데 매너리즘이란 말 자체가 나쁜 뜻은 아니었어.

매너리즘은 르네상스에서 바로크 양식으로 넘어가던 시기에 등장한 미술양식이야. 정해진 형식이나 수법대로만 그리는 화풍을 뜻하는 이탈리아어 '마니에리스모'의 영어식 번역이지. 마니에리스모는 '형식'이나 '수법'을 뜻하는 마니에라_maniera_란 단어에서 유래했어.

당시는 후배들이 선배들의 마니에라를 따르는 것이 관습이었으므로 마니에라는 '따를 만한 방식'이라는 중립적 의미였어. 그러다가 나중에는 예술가의 주관적 표현이나 독특한 스타일이라는 의미로 바뀌어 사용되었지.

그런데 왜 마니에라에서 유래된 매너리즘이 부정적인 의미로 사용된 걸까?

르네상스 시대에는 레오나르도 다빈치, 미켈란젤로, 라파엘로 등 천재적인 화가들이 공간의 조화와 원근법과 인체 비례를 완벽에 가깝게 실현했어.

후배 화가들은 선배들의 화풍을 열심히 모방했지만, 도저히 선배들을 넘어설 수 없다고 생각했어. 그래서 자신들만의 방식으로 변형하기 시작했지. 주관적 표현을 중시하는 화풍으로 말이야.

그런데 르네상스 시대의 사람들 눈에는 그 그림들이 이상하게 보이더란 말이야. 원근법도 맞지 않고, 인체 비례도 이상하고.

결국 매너리즘은 루벤스나 렘브란트 같은 바로크 미술가들이 등장하면서 사라졌고, 좋지 않은 의미로 쓰이게 되었어.

한편, 매너리즘의 대표적 화가인 피오렌티노, 폰토르모 등은 외톨이로 살면서 자기만의 세계에 빠져 정신병자 취급을 받았다고 해. 오늘날로 치면 '오타쿠'나 '히키코모리'에 가까웠단 말이야. 화가의 주관이 유독 강조된 것은 그래서였을까?

매너리즘과 비슷한 뜻으로 다음의 말들이 있음.

무사안일주의無事安逸主義
아무런 일 없이 편안함만을 누리려는 태도나 사고방식.

타성惰性
오랫동안 변화 없이 굳어진 버릇대로 함.

하지만 그 덕에 이들의 그림은 20세기 들어 현대미술의 원조라고 재평가되고 있으니, 어쩌면 이들의 노력은 500년이 지난 뒤에야 제대로 인정받게 된 셈이야.

오타쿠 お宅

오타쿠란 '당신' 혹은 '댁'이라는 의미로 상대편을 높여 부르는 단어였어.

일본에선 워낙 애니메이션과 게임 산업이 인기 있다 보니, 같은 작품이나 장르를 좋아하는 이들이 모이는 동호회同好會도 번성했거든. 그들은 서로 예의 바르게 상대방에게 오타쿠란 말을 썼고, 자연스레 그 말이 만화나 게임에 푹 빠진 사람들을 가리키는 말로 변했지.

요즘은 뭔가에 병적으로 집착하거나 몰두하는 사람 혹은 특정 분야에 있어 전문적인 지식과 열정을 지닌 마니아mania 같은 이들을 가리키는 말로도 쓰이게 됐어.

다만 마니아란 말에 비해 오타쿠는 좀 더 부정적인 뉘앙스로 쓰이는데, 요즘 우리나라에선 한국식으로 발음을 바꾼 '오덕후'란 말도 유행하고 있지. 주로 게임과 '망가'라는 일본 애니메이션에 빠져 현실 감각을 잃어버린 이들을 비하하는 의미를 지니고 있어. 망가의 특징이라고 할 수 있는 미소녀들에 푹 빠져 있는 오타쿠들이 많거든.

짧게 줄여 '오덕'이나 '덕후'라고도 하는데, 실제로 '화성인 바이러스'라는 케이블 TV 프로그램에 등장한 이 모 씨는 베개에 그려진 미소녀와 결혼 사진을 찍는 바람에 '베개와 결혼한 남자'라는 제목으로 외국 언론에 보도되었을 정도야. 그가 미소녀 캐릭터를 사 모으는 데 쓴 돈이 자동차 한 대 값이 넘는다고 해. 오타쿠가 많은 일본에서는 그들을 대상으로 한 캐릭터 산업이 크게 번창하는 중이지.

그런데 특이한 것은 '오덕후'라는 말이 '뚱뚱하고 못생긴 외모'를 지칭하는 용어로도 쓰이고 있다는 점이야. 실제 오덕후라는 말로 인터넷 검색을 해 보면 안경 쓰고 뚱뚱하고 못생기고 방 안 PC 근처에서 찍은 남자 사진이 많이 돌고 있어.

아무래도 외모나 정신적 문제로 인해 열등감을 갖고 만화나 게임 속에서만 위안을 찾다 보면 눈이 나빠지고 살찔 소지가 크겠지. 그래도 그 정도면 다행인데, 한발 더 나아가 사람 만나는 것을 꺼리고 현실을 도피하는 지경에 이르러 사회생활 자체를 힘들어하는 사람들이 생기고 있어.

일본에서는 '히키코모리은둔형 외톨이 증후군'이란 용어가 등장한 지 오래인데, 젊은이들이 대인기피증으로 사회생활을 끊고 집에 틀어박히는 현상을 가리키는 거야. 한두 사람이면 몰라도, 그런 일이 사회문제로 되다 보니 '증후군'이란 말까지 붙게 됐지.

증후군 症候群, syndrome

우리나라의 학생과 직장인들 중 상당수가 만성피로 증후군에 시달리고 있다.
지난 2011년, 아이유 신드롬이 한국 가요계를 강타했다.

증후군 또는 신드롬이란 말은 원래 의학용어야. 건강상 문제점과 관련해서 뭔가 공통되는 특징들을 뭉뚱그려 나타내는 말인데, 원인이 확실히 밝혀진 게 아니라서 딱히 무슨 질병이라고 규정하기 애매한 경우에 이 용어를 사용해.

우리 친구들도 몇 가지 증후군은 알고 있을 거야. 별다른 이유 없이 늘 피곤하다는 만성피로 증후군, 이른바 물만 먹어도 살찐다는 쿠싱 증후군, 조금만 뭘 잘못 먹거나 스트레스 받으면 설사와 변비가 반복된다는 과민성대장 증후군 등등.

증후군에는 정신적인 문제와 관련된 것도 있는데, 앞서 본 것처럼 사회생활을 끊고 방 안에 틀어박히는 히키코모리 증후군, 나이가 들어 몸은 어른이 되었는데도 심리적으로는 아이와 같거나 영원히 아이로 남고 싶어 하는 피터팬 증후군 등이 있어. 증후군은 그 자체가 심각한 문제는 아니지만, 그 정도가 갈수록 심해져 건강이나 사회 활동을 하는 데 장애를 일으킬 지경에 이르면 정신질환으로 분류되어 치료를 받아야 해.

요즘 증후군 또는 신드롬은 의학 분야 외에도 좀 더 넓은 의미로 쓰이고 있어. 즉 'OO열풍'처럼 특정 인물이나 문화예술 작품이 큰 인기를 끌고 유행하는 현상을 가리킬 때 주로 사용하지. "일본에서는 배용준으로부터 시작된 한류 열풍이 장근석 신드롬으로 이어지고 있다"는 식으로.

요즘 언론에서는 뭐든지 좀 유행한다 싶으면 '신드롬'이란 말을 갖다 붙이기 때문에, 신드롬이란 말 자체가 신드롬이라는 뜻에서 '신드롬 신드롬'이란 말도 등장할 정도야.

인터넷에서 예쁜 프로필 사진이 유행하자 얼짱 신드롬이란 말이 나왔고, 몸매 좋은 연예인들이 인기를 끌자 몸짱 신드롬이란 말이 나왔잖아. 심지어 예쁜 외모를 오래도록 유지하려는 '동안'도 유행하다 보니, 샹그릴라 신드롬까지 나왔지. 노화를 늦추고 젊게 살고자 하는 40~50대가 많아지는 현상을 가리키는 말인데, 그러다 보니 남녀 불문하고 성형수술이 유행이라 '성형 신드롬'도 뒤따르고 있어.

값비싸고 고통스러운데도 성형수술을 택하는 이들이 늘고 있다는 건, 그만큼 우리 사회에 외모 '콤플렉스'에 시달리고 있는 사람들이 많다고도 볼 수 있겠지.

> **샹그릴라**Shangri-La
> 제임스 힐튼(James Hilton)의 소설 『잃어버린 지평선』에 나오는 상상 속의 지상낙원. 이곳 사람들은 평생 늙지 않고 젊음을 유지한다고 설정함.

콤플렉스complex

complex를 사전에서 찾아보면 복잡한, 복합단지라는 뜻이 나와. 하지만 우리에게는 심리학 용어로 더 친숙하지. 착한여자 콤플렉스, 오이디

푸스 콤플렉스는 다들 들어 봤을 거야. 여기서는 '인간의 생각과 감정과 행동에 영향을 미치는 무의식 속 감정적 관념들의 덩어리'를 말해. '열등감', '강박관념' 등 사람들 마음속 깊숙한 곳에 자리 잡은 응어리들과 비슷하다고 보면 돼.

열등감이나 강박관념이 있는 사람들은 그렇지 않은 사람들이 볼 때 이해하기 어려운 행동이나 반응을 보이곤 하지. 예를 들어 '외모 콤플렉스', 즉 외모 때문에 열등감을 느끼거나 자신의 외모가 남들보다 더 뛰어나야 한다는 강박관념을 가진 사람들은 성형 중독에 빠지기도 쉽고, 유달리 외모를 기준으로 다른 이들을 평가하는 경우가 많아. 콤플렉스는 어디까지나 주관적인 것이기 때문에 일반인들보다 외모가 출중한 연예인들조차 자기들끼리 외모를 비교하며 우월감을 느끼거나 열등감에 빠지기도 하지.

'신데렐라 콤플렉스'도 들어 봤지? 미국의 콜레트 다울링이 쓴 같은 제목의 책에서 나온 말이야. 인격적으로나 사회적으로 자립할 자신이 없는 여자들이 신데렐라를 구원한(?) 왕자처럼 자기 인생을 바꿔 줄 남자가 나타나기만 기다리는 의존 심리를 말하는 거야. 하긴 남자들도 로또를 사며 인생역전을 꿈꾸니 꼭 여자들에게만 해당되는 말은 아니지.

신드롬과 콤플렉스란 말의 차이가 애매할 때가 많으니, 이참에 정리해 보기로 해.

'착한 여자 콤플렉스'와 '착한 여자 신드롬'을 예로 들어 볼게. '착한 여자 콤플렉스'라고 할 때는 착해야만 한다는 강박관념에 빠진 여성의 심리적 측면만을 가리키는 거야. 하지만 신드롬이라고 할 때는 그런 콤플렉스를 부추기는 드라마 같은 것들 때문에 많은 여성들이 착해 빠진

주인공처럼 행동하거나, 또는 그런 걸 바람직하게 여기게 되는 사회적 분위기를 가리켜. 콤플렉스란 주로 개인의 내면을 가리키는 심리학 용어이고 신드롬은 사회적 유행을 가리키는 것이지.

하여간 오늘날처럼 사회 모든 영역에서 경쟁이 치열하게 벌어지면 사람들은 점점 더 콤플렉스에 빠지기 쉬운데, 문제는 그것이 모든 이들을 힘들게 만든다는 점이야. 실제로 외모 콤플렉스를 가진 사람들은 끊임없이 남과 비교하며 스트레스를 받거든. 그뿐이야?

학생들은 엄마 친구 아들·딸들과 비교당하고, 아빠들은 엄마 친구 남편 연봉과 비교당하며, 엄마들은 엄마 동창의 핸드백과 자기 것을 비교하며 끊임없이 스트레스에 시달리지.

콤플렉스를 극복하려고 애쓴 덕에 성공한 사람들도 있기는 하지만, 콤플렉스로 인해 사회 전체의 '스트레스'가 늘고 있는 점은 문제라고 봐.

스트레스 stress

스트레스란 말이 워낙 많이 쓰이기는 하는데, 정확히 무슨 뜻인지 잘 알고 쓰는 사람은 많지 않아. 스트레스는 '팽팽하다'라는 뜻을 가진 라틴어 stringer에서 유래한 말이야. 20세기 들어 캐나다의 생리학자인 세리에 Selye가 의학용어로 처음 사용한 이후로 심리적 고난이나 어려움 등을 가리키는 말로 널리 쓰이고 있어.

끊임없는 경쟁에 내몰린 현대인들은 옛날 시골 사람들보다 훨씬 더 많은 스트레스에 노출되어 있다지. 스트레스 때문에 우울증에 걸려 자살하는 이들도 많고 각종 암에 걸리기도 하니 '만병의 근원'이라는 말도 과언은 아닐 거야.

그런데 스트레스의 본래 의미를 풀어 말하면, 몸과 마음의 평온한 상태를 방해하는 물질적·정신적인 변화나 충격, 그리고 그에 대한 인간의 반응을 뜻해.

그런 의미에서 연애나 결혼 또는 로또 당첨 같은 좋은 일들도 사람에게 굉장한 스트레스를 준다고 해. 극도로 기쁘고 놀라운 일도 사람의 몸과 마음을 평소와 달리 불안정하게 만들기 때문이야. 로또가 당첨되고 나서 기절하거나 죽는 사람도 그래서 생기는 거지. 스트레스라고 하면 골치 아프고 괴로운 일만 떠올리게 마련인데 의외지?

물리학이나 경제학에서 쓰이는 스트레스는 또 다른 의미가 있어. 물리학에서는 '물체에 가해지는 물리적 힘'을 가리켜. "음속 전투기의 날개에는 공기의 저항 때문에 엄청난 스트레스가 가해진다. 그러니 스트레스 테스트를 해 봐야 한다." 이런 식으로 사용하지.

여기서 착안해서 경제 분야에도 스트레스 테스트라는 말이 등장했어. 금융위기 이후 세계 각국 정부는 은행 등이 경제적 혼란기를 견뎌 낼 수 있을지 없을지를 판단하고자 '금융 스트레스 테스트'라는 걸 실시하고 있어. 실제로 테스트를 하는 건 아니고, 각종 경제 통계 숫자를 바꿔 가며 모의실험 하는 것을 말해. 문제점을 사전에 발견하고 대비해야만 진짜 위기가 닥쳤을 때 버틸 수 있기 때문이야.

스트레스 테스트는 사람에게도 필요한 걸까? 스트레스가 너무 없으면 위기 상황에서 남들보다 더 큰 충격을 받고 쓰러진다고 하니 말이야. 스트레스가 적당히 있어야 오히려 신체와 정신에 내성, 즉 견뎌 내는 능력이 생기고 험난한 세상을 헤쳐 나갈 활력을 갖는대.

실제로 생물체의 그런 성질, 즉 '호르메시스 효과'를 이용해서 새로운 약품을 개발하기도 해.

호르메시스 효과 hormesis effect

호르메시스 효과를 이용한 신약 개발이 한창이다.
일본 후쿠시마 원전 사고를 가지고 호르메시스 효과를 거론하는 것은 어리석은 일이다.

호르메시스 효과는 독성 물질도 적절하게 소량으로 사용할 경우 오히려 생물에 유익한 결과를 가져온다는 것을 말하는 용어야. 이를 발견한 학자들의 이름을 따서 아른트-슐츠 법칙이라고도 하는데, 식물이나 동물에게 소량의 독성 물질을 접하게 하면 때로는 성장이 빨라지고 새끼를 더 많이 낳는 등의 효과가 있었다고 해.

독성 물질뿐만 아니라 스트레스도 호르메시스 효과를 어느 정도 일으킨다고 해. 식물이나 동물 실험 결과 적당한 스트레스를 주었을 때 오히려 발육이 좋아지고 수명이 늘어난 사례들이 있었어. 흔히 바다에서 잡은 물고기를 도시의 식당까지 살려서 운반하려면 문어 한 마리면 된

다고 하지. 운반 차량의 수조에 문어를 넣으면 물고기들이 도망 다니느라 오히려 더 많이 살아 있더라는 거야. 그러나 물고기가 상할 우려가 있기 때문에 실제로 그 방법을 쓰지는 않고, 수조의 온도나 산소량을 조절해서 운반을 하지.

요 근래 호르메시스 효과가 다시 언론에 자주 등장하기 시작한 것은 2011년 초에 있었던 일본 후쿠시마 원전 사고 때문이야. 그 사고 때문에 방사능 물질이 일본 전역에 퍼져 나갔고 우리나라 국민들도 불안해했어.

그러자 정부와 일부 의학자들이 '미량의 방사선은 도리어 건강에 유익하다'는 호르메시스 효과 얘기를 꺼냈어. 사람들은 일상생활에서 늘 아주 적은 양의 방사선에 노출되고 있다, 태양·우주·흙에서 나오는 방사선이나 라돈탕 같

'프렌치 패러독스'도 비슷한 의미로 쓰임. 와인을 즐기는 프랑스인들이 미국인이나 영국인 못지않게 고지방 식사를 하고 담배와 술을 자주 즐기는데도 심장병에 덜 걸리는 걸 보고 '술을 적당히 마시는 사람이 안 마시는 사람보다 더 건강하다'는 말이 나옴. 하지만 WHO의 연구에 따르면, 프랑스인들의 건강 비결은 와인뿐 아니라 과일과 채소를 많이 먹는 지중해풍 식사 덕분으로 밝혀짐.

은 온천 등을 생각해 봐라, 이거였지.

하지만 원래 자연 상태에서 존재하는 방사선과 원전 사고로 누출된 방사능 물질에서 나오는 방사선은 전혀 다른 데다가 장기적 결과를 알 수 없으니 위험하다는 반박이 뒤따랐어.

미량의 방사선이 인체에 미치는 영향에 대해서는 논란이 계속되고 있어. 사실 병원에서 엑스레이를 찍을 때나 암 수술 후 방사선 항암치료를 받을 때 상당한 양의 방사선에 노출되거든. 식품업계에서도 삶거나 구울 수 없는 식품 재료를 방사선으로 살균하는 경우가 꽤 많다고 해. 요즘처럼 '웰빙'을 추구하는 시대에는 논란이 더 거세질 수밖에 없지.

웰빙 well being

우리말로는 참살이, 영어로는 well being이라고 해. 기본적으로 심신의 건강과 행복을 의미하는 이 말은, 경제적 성공과 편리함이 아니라 삶의 질과 자연과의 조화를 강조하는 생활방식을 지칭하는 용어야.

웰빙은 1900년대 중반 미국의 중산층이 현대 문명의 이기를 벗어나 자연과의 조화를 추구하면서 대안으로 선택한 삶의 방식을 가리켰어. '건강이란 단순히 질병 없고 허약하지 않은 상태가 아니라 신체적, 정신적, 사회적, 영적으로 완전히 양호한 상태'라는 세계보건기구WHO의 오타와 헌장(1986년)이 웰빙의 의미를 잘 보여 주고 있지.

우리나라에서는 2002년 SBS 〈잘 먹고 잘 사는 법〉이라는 프로그램이 방영되면서 웰빙 바람이 시작됐다 해도 과언이 아니야. 그 방송은 패스트푸드, 인스턴트 식품, 고기, 빵이 얼마나 해로운지 그리고 슬로푸드라고 부를 수 있는 채소와 된장 등 자연식 밥상이 건강에 얼마나 유익한지를 보여 주었어. 그 후 유기농 식품 등 웰빙 관련 산업이 급속도로 발전했지.

그런데 우리나라의 웰빙 문화는 미국과 달리 개인의 신체적, 정신적 건강에 치우쳐 있어. 미국의 웰빙 문화가 시민운동이나 종교적 차원에서 시작되었던 것과는 다르게 우리나라에선 잘 먹고 잘사는 법에서부터 시작되었기 때문인 것 같아. 우리 사회에선 웰빙이라고 하면 값비싼 유기농 식품을 먹고 운동을 해서 몸을 관리하자는 부유층의 생활 이미지가 덧씌워져 있는 것이 현실이야.

사람과 단체에도 이 웰빙이란 말을 붙일 때가 있는데, 어떤 말과 어울려 쓰느냐에 따라 의미가 달라. 웰빙 공무원, 웰빙 정당, 웰빙 정치인이라고 하면 워낙 돈이 많아 서민의 고통을 이해하지 못하고, 일은 게을리 하면서 자기 몸만 챙긴다는 비난의 뜻이 담겨 있지. 반면 웰빙 직장인이라고 할 때는 웰빙이 긍정적인 의미로 쓰여. 사람들이 공직자와 일반인에 대해 다른 잣대를 대고 있다는 걸 알 수 있지.

하여간 최근 들어 우리나라에도 개인적 웰빙을 넘어 사회적 웰빙으로 나아가자는 로하스가 거론되고 있어. 비닐봉투 대신 장바구니를, 일회용품 대신 머그잔을 사용하는 식으로 개인의 건강뿐 아니라 환경도 보호하는 소비생활

로하스LOHAS
Lifestyles Of Health And Sustainability. 건강과 지속가능한 경제 성장을 동시에 추구하자는 생활방식. 2000년 미국에서 처음 쓰임.

을 하자는 거지. 이처럼 우리와 후손들의 미래까지 생각하는 경제활동
을 하자는 주장을 '지속가능한 개발'이라고 해.

지속가능한 개발 sustainable development

지속가능한 개발의 필요성 자체는 세계 대부분의 나라들이 공감하고 있다.
선진국들과 후진국들 간에 지속가능한 발전 개념의 적용 범위를 놓고 입장 차이가 있다.

옛날의 주류 경제학자들은 환경 보전과 경제성장이 대립되는 개념이라
고 생각했어. 그래서 세계 각국이 경제개발에 혈안이 되어 있는 동안
석유 자원은 고갈되고 환경오염도 심각해졌지. 동물이나 사람들이 적
잖은 피해를 봤어.

사람들도 결국 깨달았어. 계속해서 경제를 발전시키려면 우리 세대
뿐 아니라 미래의 후손들까지 깨끗하게 지낼 수 있도록 환경을 보호해
야 한다는 점을 말이야.

지속가능한 개발이란 용어는 로마클럽이라는 국제 학술 연구단체
의 보고서에 처음 등장했고 1987년 세계환경개발위원회WCED가 발표
한 〈우리의 미래Our Common Future〉라는 보고서에서 그 개념이 학술적으
로 정리되었어. 쉽게 말해 개발도 좋지만 우리 후손에게 물려줄 환경을
고려하라는 거야. 기존 경제학 이론과 달리 경제성장과 환경 보전이 상
호 보완 개념임을 전제로 한다는 점에서 차이가 있지.

이후 지속가능한 개발 개념은 1992년 브라질의 리우데자네이루에서

열린 유엔 환경 개발회의에서 국제적으로 공식 채택됐는데, 처음엔 유엔 헌장으로 발표될 예정이었지만 개발도상국들이 반대하는 바람에 결국 ‘선언’ 수준으로 낮아졌지. 이걸 ‘리우 선언’이라고 해.

우리나라도 리우 선언의 원칙을 받아들였어. 대표적인 것이 ‘환경 영향 평가 제도’라는 거야. 대형 건물을 짓거나 중요한 개발 사업을 할 때 반드시 주변 환경에 미칠 영향을 미리 평가해 보고 허가 여부를 결정하는 거지. 그 외에 에너지 절약, 자원 재활용, 대중교통 이용 등을 장려하는 것도 지속가능한 개발을 실천하기 위한 정책들이야.

그런데 잠깐, 왜 개발도상국들은 이런 좋은 일을 반대했을까? 또 헌장과 선언의 차이는 뭘까? 개발도상국들의 주장은 이래. “너희 선진국들은 이미 환경을 오염시키며 경제성장을 했잖냐, 그 덕에 기술도 발전하고 부유해졌으니, 이제는 환경 보전하면서도 얼마든지 성장할 수 있겠지. 하지만 우리는 갈 길이 바빠. 무리해서라도 성장해야 한다구. 헌장으로 정해지면 국제법적 구속력이 생기니까, 선언으로 낮춰서 구속력이 없게 하자.”

반면 선진국들 주장은 이래. “우리의 실수를 너희도 반복하려고? 너희가 환경을 오염시키면 그게 돌고 돌아 우리한테도 영향이 미친단 말이다. 지구온난화 문제도 심각하니 헌장에 담아서라도 강제적으로 환경을 보전하자.”

지금도 선진국들과 개발도상국들은 자연환경이 우선이냐 개발이 우선이냐를 놓고 입씨름하고 있어. 그러면 반기문 유엔 사무총장은 이 문제를 어떻게 생각할까? 반 총장의 지속가능 개발론은 자연환경뿐 아니라 사회환경도 살려야 한다는 것이 핵심이야. 즉 개발도상국의 극심한

빈곤을 줄이고, 청소년과 여성에게 교육과 일자리가 주어
져야 인류의 발전이 지속가능하다는 거지.

　반 총장은 선진국들과 대기업들이 단순히 생필품만 원
조해 줄 게 아니라 개발도상국들이 자립할 수 있도록 개발
협력을 해 줘야 한다고 주장하고 있어. 세계의 빈부격차
는 갈수록 심해지고 있는데 정치적, 경제적, 사회적으로
최소한의 '평등'마저 보장하지 못하는 사회나 국가나 문명은 한계에 직
면할 수밖에 없다는 뜻이겠지.

평등 平等

요즘 우리나라는 정치적 평등을 넘어 경제적 평등이 강조되고 있다.
모든 사람은 법 앞에 평등하다.

아주 먼 옛날, 인류 역사의 초창기에는 모든 사람들이 평등했을지도 몰
라. 하지만 그건 아주 잠깐에 불과했겠지. 원시 부족국가에서조차 신분
과 계급이 존재했다고 하니 말이야. 사실 인류 역사 전체를 엄밀히 따
져 보면, 현대인들이 누리는 평등은 아주 최근의 일이야.

　여성의 투표권만 봐도 알 수 있어. 선진국이라는 프랑스에서 여성에
게 투표권이 부여된 것은 1944년이었어. 당시 후진국이었던 우리나라
도 1948년에 여성 투표가 허용됐는데 말이야. 심지어 미국에선 수전 앤
서니라는 여성이 투표 운동을 하다 감옥에 갔을 정도였고, 그녀가 사망

한 뒤인 1920년에야 겨우 여성들도 투표할 수 있게 됐어.

미국 하면 꽤 평등한 나라 같지만 그렇지도 않아. 미국의 노예제도는 남북전쟁이 끝난 1865년에야 폐지되었고, 흑인 남성에 투표권이 인정된 것은 1870년이었어. 게다가 미국 남부지역에서는 '짐 크로 법'이 있어 모든 공공시설에서 백인종과 유색인종을 구분했었지. 겉으로는 '분리하되 평등하다separated but equal'고 했지만, 실은 인종차별이었던 거야. 1964년에야 민권법民權法. Civil Rights Act이 시행되면서 인종차별이 점차 사라졌으니, 평등의 역사는 정말 짧지?

우리나라는 어떨까? 헌법 제11조에 '평등' 조항이 있어. 모든 국민은 법 앞에 평등하고, 누구라도 성별·종교·사회적 신분에 의해 정치·경제·사회·문화 모든 영역에 있어 차별을 받지 않으며, 사회적 특수 계급을 인정하는 제도 따위는 있을 수 없다는 내용이지.

이 헌법 조항 덕에 형식적으로는 모든 국민이 법률 적용에 있어 평등한 대접을 받고 있어. 다만 개개인의 능력 차이는 인정되기 때문에 시험 점수나 자격증 등 합리적 이유에 따른 차별은 허용되는데, 이런 걸 상대적 평등이라고 해.

상대적 평등이 있으면 절대적 평등도 있겠지? 투표를 할 때는 무조건 1인당 1표씩만 주어지잖아. 이런 걸 절대적 평등이라고 하는 거야.

그런데 형식적·상대적 평등만 따지다 보면 실질적으로는 불평등이 생겨난다구. 예를 들어 부잣집 아이들과 가난한 집 아이들 간에는 공부 여건에 차이가 있어. 그런데 똑같이 시험을 치르면 당연히 대학 진학률에도 차이가 생긴다구. 그러다 보면 빈부격차, 학력격차가 대물림될 수밖에 없어.

그래서 우리 헌법 제11조의 평등은 실질적 평등까지도 포함한다는 것이 헌법재판소의 입장이야. 가난한 집 아이들에게도 대학 진학이라는 실질적 기회를 균등하게 제공해 주어야 한다는 거지. 대학입시에 '기회균등전형' 제도가 생긴 것도 이 때문이야.

이처럼 차별을 받아 오던 집단에 대해 취업이나 입학시험 등에서 일부분 혜택을 주어 실질적인 평등을 만들어 보자는 것 등을 '적극적 평등 실현조치'라고 해. 공무원 채용이나 공직 선거에서 특정한 사회적 집단 구성원을 무조건 배정하는 '할당제'도 대표적인 사례라 할 수 있는데, 단 선거의 할당제에 대해서는 '민주적 정당성' 측면에서 논란이 좀 있어.

민주적 정당성

현대 민주국가에서 민주적 정당성을 갖지 못한 정부는 버틸 수 없다.
다수결이 꼭 민주적 정당성이라고 할 수는 없는 노릇이다.

우리나라를 포함해서 세계 대부분의 선진국은 민주주의를 기반으로 하고 있어. 민주국가에서는 모든 권력이 국민으로부터 나오게 되는데, 사실 그 많은 국민이 모두 나라를 통치할 수는 없거든. 그래서 민주국가에서는 선거를 통해 대표자를 뽑아 일정 기간 동안 나라를 다스릴 권력을 맡기지. 그걸 '대의제'라고 해. 그리고 대표자인 대통령이나 국회의원 등이 국민의 지지를 얻어 권한과 지위를 부여받는 것을 '민주적 정당성'이라고 해.

그런데 비례대표 국회의원이 얼마나 민주적 정당성을 갖느냐에 대해서는 논란이 있어.

국민이 비례대표를 고를 수도 없고, 사실상 정당의 뜻에 따라 순번이 정해지는 비례대표는 대통령이나 지역구 국회의원보다 민주적 정당성이 약한 것 아니냐는 논리지. 특히 여성 정치인이 남성보다 적은 우리나라의 현실에서, 비례대표 여성할당제에 따라 깜냥이 부족한 이들도 여성이라는 이유로 국회의원이 된다면 민주적 정당성이라 할 수 있느냐는 비판도 있어.

반면 정당에 대한 국민의 지지가 곧 비례대표의 민주적 정당성을 뜻한다는 반론도 있어. 앞으로는 비례대표 순번도 국민이 직접 정하게 하여 불만을 없애자는 주장도 나오고 있고.

민주적 정당성에 대한 논란은 법원이나 헌법재판소 등 사법부를 둘러싸고도 일고 있어. 우리나라가 입법부, 행정부, 사법부의 삼권분립 체제인 건 잘 알고 있지? 그런데 국회가 만든 법률을 헌법재판소가 심사해서 헌법에 위반되는지 아닌지를 가리고 무효 판정까지 내릴 수 있어. 영국·프랑스 혁명 직후의 근대 민주국가에서는 국민의 대표자인 의회가 만든 법률을, 아무리 법률 전문가라지만 공무원인 사법부가 심사한다는 건 있을 수 없는 일이었지.

하지만 민주적 정당성과 통치의 정당성은 구별해서 생각해야 해. 민주적 정당성은 국가권력(대통령과 국회 등)의 구성이 국민적 합의에 의해 이뤄져야 한다는 뜻이고, 통치의 정당성은 그렇게 구성된 대통령과 국회의 권력이 법률에 따라 합법적으로 행사되어야 한다는 뜻이야.

선거에서 이겨 당선된 대통령이나 국회의원을 많이 낸 다수당이라 해도, 그들이 법에 어긋나게 권력을 휘두르거나 잘못된 법률에 따라 권력을 행사한다면 통치를 제대로 못하는 거니까 제재를 받아야 해. 또한 대통령이나 국회 역시 헌법 아래 있기 때문에 헌법에 어긋나는 법률을 만든다면 통제를 받아야지. 소수파의 목소리를 보호하기 위한 장치도 필요하고 말이야.

그런 의미에서 사법부가 입법부와 행정부를 견제하는 것은 정당하지만 어쨌든 법관은 국민이 선출한 사람이 아니니 민주적 정당성이 약한 건 사실이야. 그래서 사법부의 민주적 정당성을 높이기 위해 '국민참여재판'이라는 제도가 도입되었는데, 요즘은 한 걸음 더 나아가 법원장급 이상 고위 법관을 선거로 뽑자는 주장도 나오고 있어.

국민참여재판 國民參與裁判

시간이 갈수록 국민참여재판은 점차 확대되는 추세다.
이제 당신이 배심원이 되어 진실을 밝혀야 한다.

미국 영화에선 변호사와 검사가 엎치락뒤치락 치열한 논리 싸움을 벌이는 장면을 흔히 볼 수 있어. 사실 그거 보고 변호사를 꿈꾸게 된 친구들도 있을 거야. 나름 멋있잖아?

하지만 그건 어디까지나 미국 영화 얘기지, 실제 우리나라 법정에서는 서류만 왔다 갔다 하는 경우가 대부분이야. 막상 변호사가 되고 나서 실망한 이들도 꽤 있다구.

그런데 요즘은 우리나라에서도 그런 영화 같은 장면이 현실이 되게 됐어. 일반 국민이 재판 과정에 참여하는 국민참여재판 제도가 시행됐기 때문이야.

사실 미국이나 독일 등 선진국들은 일찌감치 재판 과정에 국민을 참여시키고 있었어. 미국의 재판은 '배심제'로 유명한데, 일반인 중 무작위로 선발된 배심원들이 피고인의 혐의가 사실인지를 따져 유죄냐 무죄를 결정하고, 유죄면 판사가 법률을 적용해 감옥에 얼마나 있게 할지를 정해. 독일은 '참심제'로 유명한데, 참심원들이 무작위로 선발되는 것은 배심제와 똑같지만 그들이 판사와 함께 유죄냐 무죄를 결정할 뿐 아니라 감옥에서 몇 년 살게 할지까지 정한다는 점에서 차이가 있어.

우리나라는 그런 제도가 없어서 일반 국민은 방청만 겨우 할 수 있었지. 배심원이 없으니 검사나 변호사가 멋진 연설을 할 필요도 없었고. 그런데 그런 모습이 일반 국민에게는 무성의해 보일 뿐 아니라, 판사가 독단적으로 처리하는 것처럼 보였단 말이야? 마침내 2007년 '국민의 형사재판 참여에 관한 법률'이 국회에서 의결됐어. 제1조에는 '사법의 민주적 정당성과 신뢰를 높이기 위하여'라고 법률을 만든 취지가 적혀 있어. 일반인도 배심원이 되어 재판 과정에 참여하게 되면 국민의 신뢰가 자연히 높아지리라 기대하는 거지.

다만 우리나라의 제도는 미국의 배심제보다 조금 약해. 미국과 달리 판사가 배심원의 결정에 따를 필요가 없거든. 물론 배심원과 다른 결정을 내린 이유는 판결문에 적어야 하지만.

국민참여재판에 대한 평가는 어떨까? 대법원의 조사에 따르면, 배심원들 대부분이 재판의 내용을 잘 이해하고 참여한다고 해. 우리나라 국민들이 워낙에 학력 수준이 높기 때문이라고 하지. 또 대부분의 사건이 하루 만에 결론이 나서 재판의 효율성 측면에서도 좋다고 해. 더구나 무죄 판결이 나올 확률이 높아져서 국민참여재판을 받게 해 달라고 신청하는 피고인들이 늘고 있대.

반면 검사들은 국민참여재판을 꺼리는 편이야. 무죄로 판결날 확률이 높고, 배심원들을 설득하려면 더 많은 자료와 논리를 준비해야 하기 때문이라는군.

어쨌든 일반인들이 재판 과정에 깊이 관여하면 할수록 판사나 검사가 독단적으로 결정할 확률은 줄어들게 마련이지. 특히 잊을 만하면 한 번씩 언론에 등장하는 판사와 검사들의 '전관예우'를 없애기 위해서라도 국민참여재판은 점점 더 늘어날 수밖에 없을 거야.

전관예우 前官禮遇

그 사람은 퇴직한 지 얼마 안 됐으니 전관예우를 바라고 있는지도 몰라.
정부는 고위 공직자의 전관예우를 근절하기 위한 대책을 내놨다.

전관예우란 '전에 있던 관리를 대접해 준다'는 뜻이야. 판사, 검사가 퇴직하면 변호사 사무실을 개업하는데 퇴직 후 약 1~2년간 그 변호사가 맡는 사건들은 후배 판사, 검사들이 알아서 적당히 봐줬거든. 자연히 그 변호사는 소송에서 이길 확률이 엄청나게 높겠지? 그러면 의뢰인들이 막대한 돈을 싸들고 그 변호사를 찾는단 말이야. 잘하면 퇴직 후

1~2년 사이에 평생 먹고살 돈을 다 벌 수 있게 되지. 지난 수십 년간 우리나라의 법조계에서는 이런 전관예우가 공공연한 관행이었어.

그뿐이 아니야. 행정부의 고위 공무원들 중 상당수는 퇴직 후 대기업이나 로펌법률회사에 거액의 연봉을 받고 들어가. 그리고 무슨 일을 하느냐? 바로 후배 공무원들을 찾아가서 어려운 청탁들을 한다고. 그러면 원래 안 되는 일도 될 뿐 아니라 되는 일은 더 빨리 되곤 했지.

자, 그럼 이게 왜 문제인지를 살펴보자고. 우선 국가와 공공 기관에 대한 국민의 신뢰가 무너져. 공무원들이 '가재는 게 편이요, 초록은 동색'이라며 친분 관계에 따라 누군 봐주고 누군 처벌한다면 형평에 어긋나잖아? 당연히 국민들 사이에 불신이 싹트고, 법보다는 돈이나 인맥으로 해결하려는 경향이 퍼져 나가겠지.

둘째, 그 과정에 각종 불법행위와 비리가 벌어져. 후배 법조인이나 공무원들이 왜 전관예우를 해 주겠어? 단지 아는 사람이라서? 그건 한두 번일 때 얘기지. 사실 퇴직자들이 후배들에게 돈과 편의를 제공하지 않으면 계속될 수가 없어.

고위 공무원이나 판·검사 본인들이 느끼기에는 자신들의 사회적 지위는 상위 1퍼센트인 반면, 수입은 상위 10퍼센트 정도에 해당하거든? 상대적으로 돈이 부족하다고 여길 수 있지.

그런데 퇴직한 선배가 큰돈을 벌어 자기한테 용돈과 값비싼 선물을 계속 안겨 준다면? 자기도 모르는 사이 그 유혹에 넘어간단 말이야. 거기다 '나도 좀 있으면 저 선배처럼 퇴직할 텐데'라는 생각에까지 이르게 되면 결국 불법행위와 비리를 저지를 확률이 부쩍 높아지지.

법원에는 법을 상징하는 정의의 여신상이 있어. 한 손엔 칼, 한 손엔 저울을 들고 있는데 칼은 심판이고 저울은 그 심판의 공정함을 의미하는 거야. 특이한 것은 눈을 천으로 가리고 있다는 점인데, 봐주지 않고 공정하게 행한다는 뜻을 담고 있지. 하지만 전관예우가 만연한 사회에서는 정의의 여신상이 실눈을 뜨고 있다는 우스갯소리까지 생긴단 말이야.

그래서 국회는 변호사법과 공직자 윤리법 안에 전관예우를 제한하는 규정을 만들었어. 하지만 빠져나갈 예외 조항도 있고 처벌도 미미해서 실효성이 없다는 게 문제야.

하여간 우리나라는 판사, 검사, 고위 공무원들이 다들 사법고시나 행정고시 같은 고시 제도를 통해 대부분 배출되기 때문에 공무원 선발 경로가 다양한 선진국에 비해 유독 끼리끼리 뭉치는 경향이 강해. 어려운 시험을 통과하고 연수원에서 동기들과 어울려 지내다 보니 생긴 현상인데, 공공 기관의 '도덕적 해이'를 가져오는 빌미가 되고 있어.

도덕적 해이 moral hazard

일부 저축은행들의 비리와 도덕적 해이가 속속들이 밝혀지고 있다.
도덕적 해이를 예방하려면 견제하고 감시할 기관이 필요하다.

기말고사가 코앞이라 마음을 독하게 먹고 시험 준비에 돌입했어. 그런데 어느새 눈은 닫히고 헤드뱅잉을 하고 있는 거야. 그러다 부모님께

들키면 바로 꾸중을 듣겠지? "그렇게 정신상태가 해이해서야 어떻게 공부를 하겠니!"

군대에서도 그래. 한밤중에 당직 근무를 서다 보면 지루한 데다가 새벽녘엔 정말 졸리거든. 보는 사람 없다고 눈 좀 붙였다가 자칫 불시 점검에라도 걸리는 날에는 "군 기강이 해이해졌군!" 소리를 들으며 징계를 받게 될 거야.

도덕적 해이란, 그처럼 도덕적인 영역에서 지켜야 할 것을 지키지 않고 자기 하고픈 대로 행동하는 것을 가리키는 말이야. 영어로 모럴 해저드moral hazard라고 해.

도덕적 해이는 원래 경제용어야. 돈 주는 사람이 돈 받고 일해 주는 사람을 완전히 감시할 수 없는 상황일 때 일해 주는 사람이 게으름을 피우거나 자기 이득을 채우려는 행동을 가리키지. 예를 들어 직원이 사장님 볼 때만 일하는 척하는 것, 의사가 국가로부터 건강보험료를 더 타내기 위해 환자들에게 쓸데없이 비싼 주사를 놓는 것 등을 꼽을 수 있어.

이 말은 애로Kenneth J. Arrow라는 경제학자의 연구 덕에 유명해졌는데 그는 보험 가입자들이 "어차피 내 돈 아닌데 뭐" 하는 식으로 불필요한 진료를 더 많이 받는 경향을 처음 발견했고 '모럴 해저드 경제학'이라는 보고서를 발표했어.

그럼 왜 도덕적 해이가 일어나는 걸까? 두 가지 이유가 있어. 첫째, 인간은 대부분 이기적이고 최소비용을 들여 최대효과를 거두려 하는 경제적 존재이기 때문이야. 둘째, 계약 당사자 간에 정보력 격차가 있기 때문이지. 예를 들어 의뢰인이 법률도 잘 모르고 변호사 업계의 보수가 얼마쯤인지도 잘 모르는 경우, 악질적인 변호사는 업무를 게을리하면

서도 아주 손쉽게 바가지를 씌울 수 있잖아. 그래서 도덕적 해이는 의료, 법률, 금융처럼 전문가가 아니면 잘 알기 어려운 분야들에서 주로 발생하고 있어.

얼마 전 우리 사회를 떠들썩하게 했던 저축은행 부실 사태도 마찬가지야. 저축은행은 일반은행보다 규모도 작고 경쟁력이 없다 보니, 꽤 높은 이자를 쳐 줘야만 예금자들을 모을 수 있어. 그런데 은행이 수익을 거두려면 예금자에게 주는 이자보다도 더 많은 돈을 벌어야 하니까 아주 많은 이자를 받을 수 있는 사업가들에게 돈을 빌려 주었단 말이야. 그 덕에 꽤 짭짤한 수익을 거뒀어.

그런데 사업가들이 왜 많은 이자를 줘 가며 돈을 빌렸겠어? 일반은행에서는 빌릴 수 없을 만큼 신용도가 낮고 망할 위험성이 높으니까 저축은행으로 간 거거든. 당연히 몇 년 뒤 망하는 사업가들이 나왔고, 일부 저축은행 역시 막대한 돈을 떼이고 함께 망한 거야. 저축은행에 예금했던 수많은 사람들은 날벼락을 맞았지.

정부와 국회가 전면적인 조사를 했는데, 아니나 다를까, 대출 규정을 어기고 사업체 '신용등급'에 맞지 않게 막대한 돈을 빌려 준 경우가 비일비재했지. 감시가 소홀한 틈을 타 당장 자신의 이익을 위해 훗날 큰 손실을 끼칠 일들을 벌인 일부 저축은행들과 금융회사의 도덕적 해이가 사회에 큰 해악을 끼친 사례라 할 수 있어.

신용등급 信用等級

지혜로운 경제활동을 통해 신용등급을 잘 관리하는 것이 좋다.
최근 카드 대금을 연체했더니 신용등급이 확 떨어져 버렸다.

현대사회는 신용사회다, 신용을 중요하게 관리해야 한다, 신용을 잃으면 살아가기 어렵다, 이런 말들 간간이 들어 봤을 거야. 일반적으로 신용이란 '저 사람 말은 믿을 수 있다'거나 '저 사람에게 일을 맡기면 확실하다'라는 의미를 담고 있지.

하지만 요즘 흔히 쓰이는 신용등급이란, 어떤 개인이나 기업이나 국가에 돈을 빌려 줬을 경우 떼이지 않고 이자까지 합쳐서 돌려받을 수 있을 확률을 등급화한 것을 가리키는 말이야.

잘 아는 주변 사람에게 돈을 빌려 줄 때는 서로가 서로를 잘 아니까 대충 얼마만큼 빌려 주면 이 사람이 갚을 수 있을지를 가늠할 수 있지.

하지만 잘 모르는 이에게 돈을 빌려 주어 이자를 받고자 하는 금융회사 입장에서는 신용등급이 꼭 필요할 수밖에 없어. 사고 없이 잘 갚을 수 있는 사람에게는 신용등급을 높게 매겨 더 많은 금액을 더 낮은 이율로 빌려 주고, 사고 날 위험성이 있는 사람에게는 신용등급을 낮게 매겨 더 적은 금액을 더 높은 이율로 빌려 주거나 아예 돈을 빌려 주지 않아야만 손해가 없을 테니까.

그래서 오늘날은 모든 개인, 기업, 국가에 신용등급이 매겨지고, 신용등급 매기는 일을 전문적으로 하는 S&P, 무디스, 한국신용평가, KCB 같은 민간신용평가 회사들도 활발하게 활동하고 있어. 개인이든 국가든 신용등급이 하락하면 더 비싼 금리로 더 적은 돈밖에 빌리지 못하기 때문에 세계 각국은 신용평가회사들이 등급을 낮춘다고 하면 비상이 걸린다구.

우리나라에서 신용등급이 중요 관심사가 된 것은 아무래도 1997년 외환위기 이후라고 할 수 있어.

당시 대한민국의 국가 신용등급이 하락하면서 외국과 외국 금융사로부터 돈을 빌리기 어려워지자, 연쇄적으로 국내 기업들도 돈을 빌리기가 어려워졌지. 망하는 기업이 속출했고, 기업이 망하면서 실직한 사람들은 대출금을 갚지 못해 신용등급이 하락했어. 금융거래를 할 수 없는 '신용불량자'로 전락했지.

외환위기와 카드 대란을 겪으며 신용불량자들은 수백만 명으로 늘어났고, 은행과 카드사에서 돈을 빌리지 못하게 된 사람들은 불법 대부업체에게 말도 안 될 만큼 비싼 이자를 물며 돈을 빌리는 바람에 극빈층으로 전락했어.

카드 대란

2000년대 초반, 신용카드 열풍이 불자 카드회사들이 경제력 없는 대학 신입생들에게도 카드 발급을 남발함. 결국 수백만 명이 신용불량자로 전락하고 카드회사들도 도산. 급기야 정부가 막대한 세금을 들여 카드회사들을 살려 냈는데, 그걸 '카드 대란'이라고 함.

국회와 정부는 신용회복 대책을 내놓았어. 우선 신용불량자란 말 대신 '금융채무 불이행자'란 용어를 사용했어. 그리고 당장 빚을 갚을 수 없는 이들이 아주 오랫동안 조금씩 나눠 갚기로 계약하면 빚의 일부를 덜어 주고 신용등급을 회복할 수 있도록 하는 제도를 만들었지. 이걸 '신용회복 프로그램'이라고 하는데 일종의 경제적 '사면제도'라 할 수 있어.

사면제도 赦免制度

사면제도란 왕이나 대통령 같은 국가원수가 가진 특권으로, 범죄를 저지른 자가 받아야 할 형벌의 전부나 일부를 소멸시켜 주는 제도를 말해.

근대 법치국가에서는 모든 국민이 법에 따라 처벌받기 때문에 개인이 맘대로 봐준다는 건 있을 수 없어. 그러니까 국가원수의 특권이라고 하는 거야. 대통령이 사면해 주면 감옥에 있다가도 풀려나고, 경미한 범죄 경력이 있는 사람은 전과기록도 말소돼. 다만 우리나라에서는 헌법과 사면법에 따라 사면이 이뤄지니까, 어디까지나 헌법과 법률에 의한 특별 권한이지 그걸 넘어선 초법적 권한이라고 볼 수는 없어.

사면제도는 고대로부터 왕들이 크게 인심을 쓰던 제도야. 그 이전에도 사면 얘기가 나오지만, 대사면이 정례화된 것은 유교사상을 장려한 한나라 무제漢武帝 때부터야. 임금이 백성을 힘이 아니라 덕으로 다스린다는 점을 보여 주는 이벤트라고나 할까?

우리나라는 그보다 나중인 『삼국사기』에 삼국 모두 사면을 했었다는 기록이 있어. 특히 서기 670년 신라 문무왕은 삼국통일 완성을 기념하며 '대사령'을 내렸는데, 모든 죄인을 사면해 주고 가난해서 곡식을 꾸어 먹은 자의 빚을 탕감해 주었어.

비슷한 사례로 고대 이스라엘에는 50년에 한 번씩 모든 노예를 풀어 주고 가난해서 빚지거나 땅을 팔아넘긴 것을 다 제자리로 돌려주는 '희년禧年' 제도라는 게 있었지.

사면을 얘기할 때는 러시아의 대문호 도스토옙스키를 빼놓을 수 없지. 그는 젊은 시절 반란을 일으켜 사형대에 섰다가, 사형 집행 직전 황제의 사면으로 살아난 걸로 유명해. 그 뒤 새로운 인생을 살며 『죄와 벌』, 『카라마조프 가의 형제들』 같은 걸작을 남겼지.

하지만 사면제도에 대해서는 반대도 많았어. 고대 중국의 명재상 관중이 지은 것으로 알려진 『관자管子』는 '사면이 이로움은 적고 해로움은 크다'고 했고, 조선의 학자 이익李瀷도 『성호사설』을 통해 사면제도에 반대했지. 사면이 자주 행해지면 백성들이 법률과 처벌을 가볍게 여김으로써 법질서가 무너진다는 점을 지적한 거야.

그뿐 아니라 오늘날 사면제도는 정치적 목적으로 남발되는 경우가 많아서 비판을 받고 있어. 앞서 우리나라는 헌법과 법률에 따라 사면이 이뤄진다고 했지만, 요건이 모호한 데다 대통령에게 너무 많은 재량권이 주어지거든. 또 사면 기준일이 언제냐에 따라 겨우 며칠 차이로 사면 여부가 갈리거나 유전무죄, 무전유죄 논란이 끊임없이 벌어지고 있지.

사면제도 자체의 한계도 문제로 거론되곤 해. 사면을 받으면 공식적으로는 전과기록이 말소되어도 경찰청 전산망에는 기록이 남아 있거든.

어쨌든 일단 범죄자라는 '주홍글씨'가 주위 사람들의 뇌리에 새겨지면, 아무리 사면받아 새출발하려 해도 평생 그 낙인에서 벗어나기가 어려운 게 사실이야.

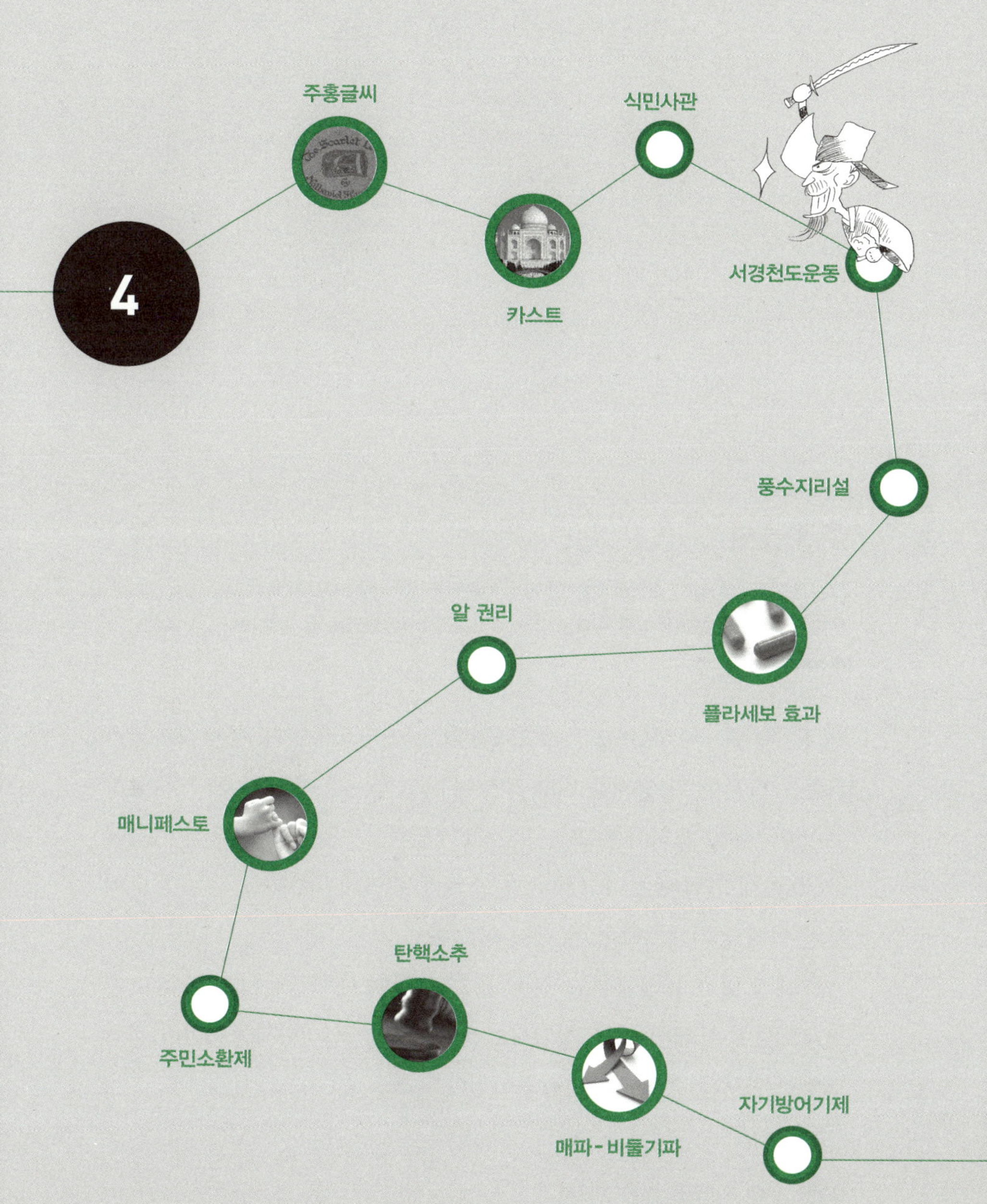
주홍글씨
식민사관
자기방어기제
4
카스트
서경천도운동
풍수지리설
알 권리
플라세보 효과
매니페스토
탄핵소추
주민소환제
매파 - 비둘기파

주홍글씨 The Scarlet Letter

그는 신용불량자라는 주홍글씨를 벗어나기 위해 이를 악물고 노력했다.
운동선수에게 약물복용이란 주홍글씨가 새겨지면 선수 생명은 끝난 셈이다.

『주홍글씨』는 미국 소설가 너대니얼 호손의 대표작이야. 무명작가였던 호손은 결혼한 뒤 생계를 위해 세관에서 일했는데 어느 날 해고를 당하고 말아. 부인 소피아는 그간 조금씩 저금해 둔 돈을 보여 주며 이참에 글 쓰는 데 전념해 보라고 호손을 격려해 주었대. 『주홍글씨』는 호손이 부인 덕에 용기백배하여 쓴 책이라고 해.

17세기 미국 뉴잉글랜드에는 영국으로부터 메이플라워호를 타고 온 청교도들이 살고 있었지. 청교도들은 조선시대 성리학자들처럼 엄격한 도덕적 질서를 강조했던 사람들이었어.

주홍글씨는 바로 그곳을 배경으로, 유부녀인데도 다른 남자와 간음해 아이를 밴 아름다운 여주인공 헤스터 프린의 재판 장면에서부터 시작하지. 판사들은 간음한 상대방 남자가 누구인지 묻지만 그녀는 끝내 답변하지 않았어. 결국 평생 'A'라는 주홍색 글자가 새겨진 천 조각을 가슴에 붙이고 살아야 하는 벌을 받았어. A는 간음adultery을 뜻했지.

헤스터는 사생아인 펄과 함께 삯바느질을 해서 겨우 먹고살아야 했지만 꿋꿋함과 상냥함을 잃지 않은 채 도리어 더 가난한 이웃들을 도우며 살아갔어. 처음엔 비난하던 사람들조차 나중에는 그 A가 Able능력 있는 또는 Angel천사의 상징이라며 그녀를 칭찬하게 되었어.

하지만 죽은 줄 알았던 남편이 돌아왔어. 그는 신분을 숨긴 채 의사로 행세하면서 상대방 남자를 찾아낸 뒤 집요하게 복수를 시작했지. 결국 헤스터 프린이 사랑했던 남자가 바로 인품 좋고 유능한 목사 딤스데일이었음이 밝혀졌어. 오랫동안 남모를 죄책감에 시달려 병약해진 딤스데일 목사는, 처형대 위에 올라 자신이 그 남자임을 사람들 앞에 공개한 뒤 쓰러져 숨을 거두게 되지.

이 소설은 당시 미국 사회의 위선을 적나라하게 꼬집었을 뿐 아니라, 인간 내면의 심리를 탁월하게 묘사했다는 점에서 미국 문학의 걸작으로 인정받고 있어. 특히 미국에서 여성의 투표권이 그로부터 70년 뒤에야 겨우 인정됐음을 생각해 보면, 남자에 종속되지 않고 당당하게 역경을 극복하여 사회의 인정을 받은 여주인공 헤스터 프린이 얼마나 시대에 앞선 여성상인지를 알 수 있지. 호손의 아내 소피아가 그 모델이 아니었을까 싶어.

하여간 소설이 세계적으로 유명해지면서, 이후 주홍글씨는 범죄자나 사회적 물의를 일으킨 사람에 대한 사회적 '낙인'이라는 뜻으로 널리 쓰이게 됐지.

예전에 방영된 드라마 〈추노〉에 불에 달군 쇳덩이로 도망친 노비들의 얼굴에 도장을 찍는 장면이 나왔잖아? 그걸 낙인이라고 해. 노비임을 분명히 하고 도저히 벗어날 수 없게 만들겠다는 거야. 요새는 씻기 어려운 평가를 받을 때 주로 낙인이라는 말을 사용하지. "동시에 두 여자 친구를 만났으니 양다리라는 낙인이 찍힐 수밖에." 이런 식으로 말이야.

낙인이 찍히면 여러 가지 불편한 것이 있어. 예를 들어, 일단 금융채무 불이행자로 낙인이 찍히면 인도의 최하위 '카스트'인 불가촉천민처럼 각종 금융거래에서 차별을 받는 것이 현실이지.

카스트 caste

우리나라의 과도한 학벌주의는 현대판 카스트 제도나 다를 바 없다.
카스트 제도라는 비난을 피하기 위해서라도 부의 대물림은 규제해야 한다.

카스트 제도는 인도 특유의 신분제도를 가리키는 말이란 건 많이들 알고 있지? 그래서 카스트라는 말이 인도어인 줄 아는 사람들도 있을 텐데, 실은 포르투갈어로 혈통 casta 이라는 말에서 유래한 거야. 정작 인도인들은 바르나 varna : 피부색 라는 용어를 쓴다고 해. 사실 인도는 다인종,

다문화, 다종교 국가거든. 종족들끼리 피부색을 기준으로 신분 구분을 해 왔다는 얘기지.

신분제도는 어느 나라나 존재했었어. 우리도 신라시대에는 성골-진골-육두품으로 이어지는 골품제가 있었고, 조선시대에도 양반-중인-평민-천민으로 신분이 나뉘었잖아? 영국은 지금도 형식적이기는 하지만 왕족과 귀족이 있단 말이지.

그런데도 인도의 카스트 제도가 유명한 이유는, 엄연히 민주국가라고 하면서도 신분제가 거의 봉건국가 수준으로 여전히 강력하게 유지되고 있기 때문이야. 심지어 인도 독립의 아버지라 불리는 마하트마 간디마저도 카스트 제도는 필요하다고 주장했었지.

교과서에는 보통 낮은 계급부터 차례대로 수드라-바이샤-크샤트리아-브라만으로 구분한다고 씌어 있지만, 실제로는 카스트의 종류가 훨씬 더 세분화된다고 해. 수드라보다 아래에는 자그마치 3억 명이나 되는 '파리아(또는 하리잔)' 계급이 있는데 이들은 불가촉천민untouchable, 즉 몸이 닿으면 안 될 정도로 천한 신분으로 취급당한다고 해.

인도에서는 신분에 따라 결혼이나 직업에 차별을 두지. 귀족들은 정치인이나 고위 관료를 세습하고, 하층민들은 전문기술이 필요 없는 단순 노동에 종사하며, 서로 다른 계급끼리는 결혼하지 않는 것이 관습이야. 신분 간 차별이 엄격하다 보니 카스트 제도에 반대하는 시민운동가들이 테러를 당하는 일도 종종 있어.

최근엔 경제가 발달한 인도 남부 해안도시들을 중심으로 대학 교육을 받은 하층 계급이 늘어나면서, 카스트가 조금씩 무너지고 있다고 해. 하지만 이 또한 긍정적인 것만은 아니야. 빈부격차에 따른 경제적 신분 차이가 새로이 생겨나고 있으니, 자본주의를 도입한 세계 대부분의 나라들처럼 인도 역시 전통적 신분 계급이 경제적 신분 계급으로 바뀌는 셈일 뿐이야. 여전히 인도 북부지방과 시골에는 카스트 제도가 굳건하게 남아 있고.

하여간 카스트가 워낙 악명 높다 보니, 오늘날 이 말은 신라시대의 '골품제'와 함께 사회적 차별을 빗대는 의미로 널리 쓰이고 있어. 빈부 격차에 따른 빈부의 대물림 현상이라든지, 학벌을 기준으로 사람을 평가하는 것 등을 '현대판 카스트 제도' 또는 '현대판 골품제'라며 비판하는 신문 기사를 심심치 않게 볼 수 있지.

참고로 외국인의 카스트 등급은 어떻게 될까? 원래 외국인은 등급을 매길 수 없어 불가촉천민 신분으로 분류되는데, 웃기는 점은 인도 사람들이 유독 영국 사람만은 높이 대접한다는 거야. 영국이 장기간 인도를 지배했었기에 그 버릇이 남아서라는데, 요즘도 영국에 가 보면 허드렛일을 하는 인도 사람들이 꽤 많은 편이야. 하긴 우리나라에도 아직 일본의 영향으로 '식민사관'을 따르는 이들이 있으니 인도 사람들만 특이하게 볼 일은 아니지.

식민사관 植民史觀

일본의 한국 식민 지배를 정당화하는 역사관을 식민사관이라고 해. 일본이 한반도 진출을 준비하던 19세기 말 일본 도쿄제국대학에서 시작된 역사관인데, 조선을 효과적으로 식민 지배하기 위해 만들어졌지.

대표적으로 일선동조론(일본과 조선은 같은 뿌리이므로 일본의 점령이 당연하다는 내선일체 사상), 타율성론(반도 국가의 성격상 대륙세력과 해양세력의 움직임에 종속될 수밖에 없다는 설), 정체성론(조선시대에는 근대국가의 전단계인 봉건사회가 이룩되지 못해서 자체적으로는 자본주의가 싹틀 수 없었다는 설), 당파성론(조선의 붕당정치를 거론하며 한민족은 늘 무리지어 싸우고 헐뜯는 기질이 있다는 설) 등을 꼽을 수 있지.

그 외에도 임나일본부설과 식민지 근대화론이 있는데 이것들은 호주 등 외국 교과서에도 씌어 있을 만큼 널리 퍼져 있어 문제야.

임나일본부설은 고대 한반도 남부에 '임나'라는 일본의 전초기지가 있어 백제, 신라, 가야를 지배했다는 주장으로 일본이 날조한 얘기지. 식민지 근대화론은 일본이 조선을 식민 지배한 덕분에 비로소 우리나라에도 철도나 산업 시설이 생겨나고 교육 수준도 높아져 근대화가 이뤄졌다는 주장이야.

이런 식민사관은 일제강점기에 우리 조상들에게 끊임없이 교육되었을 뿐 아니라, 아시아의 역사를 잘 모르는 서구 국가들에도 퍼져 나갔어. 그래서 독립 이후에도 한동안 우리의 역사 교육은 그 틀을 벗어나지 못했고, 지금도 어르신들 중에 '우리 국민은 일본과 달리 질서도 안 지키고 당파싸움만 한다'고 생각하는 분들이 꽤 많이 계시지.

그러나 식민사관의 내용들은 하나같이 말도 안 되는 역사 왜곡이기 때문에, 독립운동가들을 중심으로 '민족사관'이 등장했어. 민족사관이란 우리 민족의 우수성과 주체적인 발전을 강조하는 역사관이야. 나폴레

옹 이후 유럽 각국이 왕조 국가를 벗어나 국민 국가로 변신하면서 국민 단결을 위해 채택했던 근대적 역사관의 영향을 받은 거지.

그런데 현대 역사학자 중에는 식민사관뿐 아니라 민족사관도 비판하는 사람들이 있어. 민족사관을 주장하는 이들이 식민사관을 극복하는 데만 집중한 나머지 객관성을 잃어버리고 무조건 우리 것이 최고라는 국수주의에 빠져 버렸다는 점을 문제 삼고 있지.

헤겔은 역사란 객관적 사실과 역사학자의 주관적 서술이라는 두 가지가 합쳐진 것이라고 했어. 그런데 식민사관이나 민족사관은 모두 역사학자 E. H. 카처럼 주관적 서술을 강조한 것이고, 그걸 비판하는 측은 레오폴트 폰 랑케처럼 객관적 사실을 강조하는 것이라 할 수 있지.

물론 일본의 식민사관에 맞서 민족사관을 연구하고 전파했던 독립운동가들의 공로와, 당시로서는 참신했던 역사적 관점들은 관심을 가지고 살펴볼 필요가 있어.

일례로 역사가 단재 신채호는 "고려 초기까지는 민족적 패기가 있었으나, 그 이후 사대주의에 물들었다"며 묘청의 '서경천도운동'을 '조선역사 1천년 제1대 사건'이라고 주장했어. 당시로서는 굉장히 참신한 역사적 관점이었다고 할 수 있지.

E. H. 카

영국의 역사학자. 『역사란 무엇인가』라는 저서로 유명함. 역사란 역사학자와 역사적 사실 사이의 부단한 상호작용이며, 현재와 과거의 끊임없는 대화라고 주장.

레오폴트 폰 랑케

독일의 역사학자. 근대 역사학의 아버지. 역사학자의 임무는 있었던 그대로의 과거를 밝혀내는 데 있다는 실증주의적 역사학을 주장.

서경천도운동

서경천도운동은 북진 정책 개념이 강하다.
서경천도운동이 그랬던 것처럼 천도는 정치 혁신과 관계가 깊다.

서경천도운동이란 고려의 수도를 기존의 개경에서 서경으로 옮기려는 정치적 움직임을 가리키는 말이야. 개경은 휴전선에서 가까운 황해도 개성 지방의 옛 이름이고, 서경은 그보다 더 북쪽에 있는 북한의 수도 평양의 옛 이름이지. 즉 서경천도운동은 고려의 수도를 좀 더 북방으로 옮겨, 중국 대륙으로 진출하자는 뜻을 담고 있지.

고려시대 중반인 1120년대, 묘청이라는 특이한 승려가 혜성같이 나타났어. 그는 불교와 도교를 적절히 섞어 고려 조정의 관리들과 임금 인종의 마음을 얻었고, 개경은 오래되어 땅의 기운이 다했으니 서경으로 수도를 옮겨야만 고려 왕조가 힘을 얻을 수 있다고 주장했지.

서경 출신자들과 개혁 세력은 호응했던 반면, 개경의 주류 세력은 반대에 나섰어.

그런데 마침 그 당시는 대외적으로 여진족이 세운 금나라가 고려 왕조를 협박해서 군신관계君臣關係를 맺었고, 대내적으로는 개경의 귀족 이자겸이 반란을 일으켰다가 겨우 진압된 상황이었거든. 왕실의 위신이 땅에 떨어져서 당시 임금이던 인종 입장에서는 뭔가 변화가 필요했을 거야. 결국 인종이 서경천도파에 힘을 실어 주면서 서경천도운동이 본격적으로 추진됐지.

그러나 순탄하게 추진되는 듯하던 서경천도운동은 역풍을 맞게 됐어.

묘청이 서경천도와 함께 칭제건원稱帝建元:황제 취임과 별도의 달력을 씀과 금나라 정벌을 주장했기 때문이야. 금나라로부터 독립하고 전쟁을 벌이자는 것인데, 한창 전성기인 금나라와 싸웠다간 고려가 멸망할 수도 있었거든? 이때다 싶었던 개경파는 맹렬히 반대했고, 결국 인종도 천도를 중지했어.

이에 다급해진 묘청과 서경파들은 급기야 1135년 반란을 일으켰지. 하지만 김부식의 관군에게 패했고, 묘청 등 지도자들도 목숨을 잃었어.

단재 신채호는 이 사건의 의미를 다음과 같이 보았어. 묘청과 서경파는 도교+불교, 민족 고유의 사상, 자주독립주의, 진취사상의 대표자였던 반면, 김부식과 개경파는 유교, 중국사상, 사대주의, 보수사상의 대표자였다는 거지. 그런데 김부식이 승리하는 바람에 우리 민족이 유교사상에 빠져 대외적으로는 사대주의, 내부적으로는 보수주의에 치우쳤고, 결국 일본의 식민지가 됐다는 거야. 그런 의미에서는 정말 의미심장한 사건이었다고 할 수도 있어.

반면 묘청이 이겼다면 당연히 우리나라 역사는 달라졌겠지. 아마 고구려처럼 끊임없이 대륙 세력과 다투는 역사가 이어졌을지도 몰라. 하지만 설령 금나라와 싸워 이긴다 해도 고려의 국력에는 상당한 손실이 생길 텐데, 그런 상태에서 훗날 제국을 세운 몽골군의 공격을 받았더라면 과연 이겨 낼 수 있었을까?

참고로 묘청은 땅의 기운이 강한 서경에 수도를 정하고 자기의 도술을 쓰면 금나라와 싸워 볼 만하다고 주장했는데, 정말로 금나라와 싸워 이길 수 있었을까? 그런 '풍수지리설'만 믿고 국가의 운명을 걸 순 없는 데다가, 묘청의 도술은 김부식의 관군도 막아 내지 못했으니 좀 허무맹랑하지?

풍수지리설 風水地理說

풍수지리설을 글자 그대로 해석하면 '바람'과 '물'과 '땅'의 이치를 다룬 학설이야. 토지를 어떻게 이용하고 건물을 어떻게 지어야 하는지에 대한 전통적 생각을 말하지. 풍수지리설은 줄여서 '풍수'라고도 하는데, 고대 중국의 '음양오행설'에서 유래했어.

음양오행설에 따르면 땅이나 건물도 음양오행의 조화를 감안해야만 사람들이 평온하게 살 수 있다고 해.

풍수지리 사상은 고대 중국의 전국시대부터 시작됐고, 우리나라엔 삼국시대 초기에 전래된 뒤 일본으로 건너간 것으로 알려져 있어. 우리나라에서는 나이 드신 분들께서 주로 조상의 묘지를 고를 때나 집을 지을 때 이른바 명당자리를 잡기 위해 풍수를 따져보곤 했지.

풍수의 기본은 '동서남북'을 각각 청룡靑龍, 백호白虎, 주작朱雀, 현무玄武로 구분하는 것인데 왼쪽에 청룡, 오른쪽에 백호를 끼고 현무 격인 산을 등에 지고서 남쪽의 하천을 바라보는 '배산임수背山臨水' 형태의 터를 좋은 것으로 치는 거야.

그런 땅에 집을 짓거나 묘지를 두면 온 집안과 후손이 다 건강하고 부자 되고 출세한다고 여겼지. 좌청룡-우백호라는 말도 여기서 나온 거야.

하지만 그런 땅이 어디 흔한가? 그래서 나타난 것이 건물 앞에 세우는 각종 석상이야. 흔히 터가 좋지 못한 경우 음양 중 '음기'가 강하다고들 하는데, 사람들은 그런 곳에 '양기'를 보충하기 위해 수컷을 상징하는 석상을 세우곤 했어. 실제로 서울 소공동의 웨스틴조선 호텔에는 빨간 목도리를 두른 수사자상이 있는데, 동물 중 가장 강한 사자의 수컷에다가 양기를 상징하는 붉은색을 더해 그 터의 강한 음기를 조절하고자 하는 거래.

또 지난 2008년에는 여의도 국회의사당 후문에 7미터의 남근석이 세워지기도 했어. 당시 그 기둥을 세운 이유는 국회가 조선시대 궁녀들의 화장터여서 음기가 세고 여자 귀신이 나온다는 소문이 돌아서였는데, 언론에서 비판하는 바람에 결국 그 돌기둥은 1년 만에 구석으로 옮겨지고 말았어.

서울 서린동 SK그룹 건물 계단에는 8개의 점이 박힌 검은 돌이 하나 있는데, 거북이 머리를 상징한다고 해. 그 터가 불기운이 가득하기 때문에 물기운이 강한 거북이를 통해 기운을 조절하기 위함이래.

홍콩에서도 비슷한 일이 있었어. 1990년 중국은행이 유리로 뒤덮인 칼날 모양의 초고층 빌딩을 지었는데, 하필 옆 건물의 HSBC은행 영업 실적이 저조해졌다는 거야. 그러자 기운이 눌려 그리 된 거라는 얘기가 돌았고, 결국 HSBC은행이 중국은행을 겨냥해서 옥상에 대포 모양의 조각품을 세우면서 논란이 벌어지기도 했었지.

들어 보면 그럴 듯해 보이기도 하지만 사실 풍수가 과학적으로 입증됐다고 할 수는 없어. 오히려 풍수이론 자체가 굉장히 애매모호한 데다가 전문가라는 사람들 간에도 견해가 갈리니 귀에 걸면 귀걸이, 코에 걸면 코걸이라는 비판이 있거든. 청와대 터에 대해서도 풍수적으로 좋다는 이들과 나쁘다는 이들이 첨예하게 다툴 정도니까. 그래도 풍수 좋은 터라는 말을 듣다 보면 '플라세보 효과' 측면에서는 도움이 될 수도 있겠지.

플라세보 효과 placebo effect

이름을 바꿔서 운명이 바뀌었다는 이들은 사실 플라세보 효과 덕을 본 것인지도 몰라. 부정적으로만 생각하다간 노세보 효과 때문에 약을 먹어도 쉽게 병이 낫지 않을 수 있어.

플라세보 효과란 '만족시키다'라는 뜻의 라틴어에서 유래한 의학용어인데, '위약(僞藥:가짜 약) 효과'라고도 해. 가짜 약이 진짜 약처럼 효능이 있다는 이론이지.

플라세보 효과를 처음 발견한 사람은 프랑스의 에밀 쿠에라는 약사야. 그는 이 현상을 응용해서 자기암시autosuggetion라는 심리치료 요법을 창안했어. 그가 말하는 자기암시는 간단해. "나는 날마다, 모든 면에서, 점점 더 좋아지고 있다"라는 문구를 틈날 때마다 자신에게 말하는 거지. 그러면 내면의 무의식적 자아가 거기에 맞게 활동하기 때문에 몸과 마음이 모두 건강해진다고 해. 실제로 그는 이런 자기암시를 이용해 수많은 환자들의 질병을 치료했다고 전해지고 있어.

플라세보 효과가 실제 존재하는지 아니면 잘못된 믿음에 불과한지는 논란이 있지만, 최소한 정신병이나 원인 모를 통증 등에 대해서는 실제로 효과가 있다는 것이 의학실험 결과 밝혀졌어. 어떤 원리에 의한 것인지는 아직 밝혀내지 못하고 있지만.

플라세보와 반대로 노세보nocebo 효과라는 것도 있어. 진짜 약을 투여해도 가짜라고 믿는 이들에게는 효과가 없다는 뜻이야. 2011년 독일의 울리케 빙겔 박사가 최초로 입증했지.

빙겔 박사는 환자들에게 진통제를 계속 투여하면서도 진통제 투여가 끝났다고 했어. 그러자 그 말을 듣기 직전까지는 통증이 가라앉

았다고 했던 환자들 대부분이 갑자기 통증이 심해졌다고 하더래.

이처럼 인간의 행동은 심리상태에 좌우된다는 의미에서, 오늘날 플라세보 효과나 노세보 효과는 의학뿐 아니라 정치, 경제, 사회, 문화 등 인간 심리가 관계된 모든 분야에서 널리 쓰이게 됐어. 심지어 운동선수들도 무턱대고 체력 단련만 하는 것보다는 플라세보 효과를 응용한 심리 훈련을 곁들일 때 더 나은 성적을 거둘 수 있다지.

비슷한 예로 피트니스 센터의 근력 운동은 코치가 옆에서 도와주는 경우가 많은데, 코치들은 일부러 역기 무게를 살짝 줄여서 알려 주곤 해. 그러면 운동하는 사람이 자기도 모르는 사이에 더 무거운 역기를 들 수 있게 된다는 이유에서지.

그런데 최근 미국 의료계에서는 플라세보 효과에 대해 논란이 일고 있어. 실제 미국 의사들 중 상당수가 환자를 치료하기 위해 가짜 약을 진짜라고 속여 처방해 준 적이 있다는데, 그것은 미국 의사 협회 윤리규정을 어기는 행위일 뿐 아니라 환자의 '진실을 알 권리'를 침해하기 때문이지.

알 권리 right to know

알 권리란 국민이 정치, 경제, 사회 등 모든 분야에서 진실을 알 권리를

가리키는 말이야. 1945년 미국의 언론인 켄트 쿠퍼Kent Cooper가 이 말을
처음 사용했는데, 1966년 채택된 UN 세계인권규약 제19조에 알 권리
가 규정되면서 서구 민주주의 국가에 널리 퍼졌지.

국민이 주권자인 민주국가의 국민이라면, 나라 돌아가는 사정을 잘
알아야 올바른 판단을 하고 적절한 대표자를 선출할 수 있을 것 아니겠
어? 만약 국민이 보고 듣는 정보들이 대부분 통제되고 있다면 여론은
얼마든지 권력자에 의해 조종될 수 있기 때문에 정상적인 민주주의가 실
현되기 어렵지. 예를 들어 볼게.

2011년 12월, 우리 영해를 침범한 중국 어선을 단속하던 해양경찰
故 이청호 경사가 중국인 선장의 칼에 찔려 순직한 사건이 있었지. 그
런데 황당하게도 중국 언론과 정부 관계자들은 오히려 한국 해양경찰
의 과잉 단속이 문제였다는 주장을 내놨어. 중국의 '텅쉰넷'이라는 인
터넷 사이트 여론조사에서는 중국 네티즌들 80퍼센트가 한국 잘못이
라고 답했어.

당연히 우리 국민들은 분노했고, 국회도 정부에 강경 대응을 주문했
지. 그제야 사태의 심각성을 깨달은 중국 정부는 유감을 표시했고, 중
국 언론도 중국 어선의 잘못을 지적하기 시작했어. 그러자 신기하게도
단 하루 만에 중국 네티즌들의 태도가 바뀌더란 말이야. 한국 탓이라던
중국 네티즌 비율은 43퍼센트로 확 줄었고, 57퍼센트는 중국의 잘못을
인정하게 되었지.

이런 현상이 나타난 이유는 중국인들이 변덕스러워서가 아니야. 중
국 국민들에게 알 권리가 보장되지 않기 때문이지. 중국은 사회주의
국가로 공산당이 언론과 인터넷을 통제하기 때문에 권력자의 입맛에

맞는 뉴스만 국민들에게 주어지거든. 그래서 중국 국민들은 정치나 외교 문제에 객관성을 잃은 채 조종되고 있을 뿐 아니라, 본인들이 그런 처지인지조차 모르고 있어. 그 덕에 중국 공산당 정권이 지난 60여 년간 유지되어 온 것인데, 역설적으로 알 권리가 민주국가에서 얼마나 중요한지를 잘 보여 주는 반면교사라 할 수 있지.

우리도 1980년대 군사독재 시절까지는 알 권리가 인정되지 않았어. 정치가 민주화된 후에야 알 권리가 인정되었어. 1996년 '공공 기관의 정보공개에 관한 법률'이 제정되면서 알 권리가 법률에 명시되었지. 이 법에 따르면 모든 국민은 국가에 정보 공개를 요구할 권리가 있고, 국가는 군사기밀이나 사생활이 아닌 한 진실을 밝힐 의무가 있어.

그런데 알 권리가 너무 강조되다 보니 사회적으로 관심의 대상이 된 사람들의 사생활이 너무 속속들이 공개되어 논란이 되고 있어. 연예인의 성형 전후 사진 비교나 이른바 'OO녀'에 대한 '신상 털기' 등이 그런 경우지.

이처럼 국민의 알 권리와 개인의 사생활 보호라는 기본권이 서로 충돌할 때는 뭐가 우선일까? 문제된 사람이 일반인인 경우에는 알 권리보다 사생활 보호가 우선되는 반면, 공직자나 연예인의 경우에는 국민의 알 권리가 좀 더 우선한다는 것이 법원의 입장이야.

앞서 말했듯이 알 권리를 가급적 넓게 인정해야만 국민도 올바른 판단과 선택을 할 수 있기 때문인데, 그래서 정치인들에게는 '매니페스토'라는 것도 요구되고 있지.

매니페스토 manifesto

오늘날은 정치뿐 아니라 기업의 사회적 책임에 대해서도 매니페스토 운동이 필요하다.
이브 생 로랑은 패션 업계 최초로 브랜드 홍보 차원에서 매니페스토를 실시했다.

학생회장 선거를 할 때면, 후보자들은 "제가 만약 당선된다면 이런저런 것을 하겠습니다"라며 여러 가지 약속을 해. 그런 것을 공약公約이라고 하는 건 다들 알고 있지? 대중을 상대로 공적인 약속을 한다는 뜻이야.

그런데 어떤 후보자가 자기가 당선되면 일주일에 3일만 등교하도록 하겠다든지 중간·기말고사를 없애겠다고 한다고 쳐. 그 친구가 당선된다 한들 그런 일을 할 수 있을까? 불가능한 일이지. 결국 그 친구는 되지도 않을 약속을 해 놓고 나 몰라라 하고 말 거야. 그처럼 솔깃하지만 실현 불가능한 것을 '장밋빛 공약' 또는 '공약空約:헛된 약속'이라고 해.

정치인들도 그런 장밋빛 공약公約이나 공약空約을 내놓곤 해. 그 유명한 허경영 씨의 공약들처럼 누가 봐도 비현실적인 내용이라면 그냥 한 번 웃고 넘어가면 그만이지만, 실현 가능성을 쉽사리 판단하기 어려운 공약이라면 그로 인해 선거 결과가 바뀔 수도 있단 말이야? 그러니 올바른 정치를 위해서라도 수많은 공약들을 실제로 검증해 볼 필요가 있어. 선거 매니페스토 운동은 이런 배경에서 등장한 거야.

매니페스토란 '과거 행적을 설명하고, 미래 행동의 동기를 밝히는 공적인 선언'이라는 뜻이야. 다시 말해서 예전에 어떤 과정을 거치면서, 어떠한 깨달음을 얻었고, 앞으로 어떻게 하겠다는 것인지 공개적으로 밝히는 거야. 마르크스와 엥겔스의 '공산당 선언1848년', 전쟁을 반대한다며 아인슈타인이 발표한 매니페스토1955년 등이 대표적인 매니페스토라고 할 수 있어. 1960년대 우리나라 연극 극단들도 창립과 동시에 예술적 방향을 밝히는 매니페스토를 발표하곤 했지. 몇 년 전부터는 '이브 생 로랑'이라는 패션 브랜드도 매니페스토를 발표해서 화제가 됐었고.

선거 분야에서는 1830년대 영국 탐워스 지역의 선거에서 로버트 필이란 후보가 '탐워스 선언'이라고 하여 자신의 정책들을 공개 발표했던 것에서 유래해.

이후 1997년 영국에서 매니페스토가 유행했고, 일본에서는 2003년 지방선거에서 매니페스토가 처음 등장했지. 우리나라에서는 2006년 지방선거 당시 '한국 매니페스토 실천 본부'라는 시민단체의 주도로 매니페스토가 처음 실시됐고, 즉각 2007년 1월부로 공직선거법 제66조에 '선거공약서' 조항이 신설됐어. 현재 아시아에서 선거 매니페스토가 가장 활성화된 나라는 일본이 아니라 우리나라야.

선거 매니페스토는 거짓말하지 않고 정정당당하게 정책으로 승부를 겨루자는 공개적 약속인데, 유권자들이 실천 여부를 쉽게 검증해 보고 그걸 기준으로 다음 선거에서 지지할지 말지를 결정할 수 있게 함으로써 전반적인 정치 수준을 높이자는 의미를 담고 있어.

선거관리위원회 홈페이지에 가 보면 대통령, 국회의원, 자치 단체장 등의 선거공약서를 쉽게 찾아볼 수 있고, '한국 매니페스토 실천 본부'에서도 정기적으로 정치인들의 선거 공약 이행 상황을 점검해서 우수 정치인을 표창해 주고 있지.

그럼 공약을 지키지 않는 정치인은 어떻게 하느냐고? 아쉽지만 공약을 지키지 않는다 해도 법적으로는 책임이 없어. 다만 정치적으로는 책임을 물을 수 있는데, 다음 선거에서 뽑아 주지 않는다든지, 그걸 기다릴 수 없을 정도로 잘못이 심각하다면 '주민소환' 투표를 할 수 있지.

주민소환제 住民召還制

주민소환제란 선거를 통해 당선된 공직자를 임기가 끝나기 전에 해임시켜 다시 일반인으로 되돌리는 제도를 말해. 고대 그리스의 오스트라시즘ostracism에서 기원한 것이라고 하지. 그리스에서는 독재 권력자가 나타나는 것을 막기 위해 전 시민의 비밀 투표로 정치적 위험 인물을 10년간 추방했던 것으로 유명한데 그것을 오스트라시즘이라고 해.

우리나라에서는 지난 2007년 7월 '주민소환에 관한 법률'이 시행되면서, 지방선거에서 당선된 자치 단체장 및 지방의원이 잘못을 저질렀거나 업무를 게을리할 경우 주민이 투표를 통해 그 사람을 직위에서 끌어내릴 수 있게 되었어. 이로써 우리나라는 주민투표제, 주민발안제와 더불어 직접 민주제의 3대 제도를 지방 자치에 모두 적용하는 나라가 되었지.

다만 대통령과 국회의원은 주민소환제의 대상이 아니야. 옛날에야 인구가 적으니 주민투표 같은 직접 민주제로 중요한 결정을 내릴 수 있었지만, 오늘날은 인구가 너무 많

직접 민주제의 3대 제도

주민소환제, 주민투표제, 주민발안제를 말함.
모두 주민이 직접 정치적 의사 결정을 내릴 수 있도록 하기 위한 제도. 지역의 중요 사안을 주민 전체의 투표를 통해 정하는 것을 주민투표라고 하고, 주민들이 직접 지방 자치 단체의 조례를 제안할 수 있게 하는 것을 주민발안이라고 함.

기 때문에 간접 민주제인 대의제를 기본으로 하고 있어. 이왕이면 보장된 임기 동안 소신껏 일하게 놔두자는 거지.

그러나 지역이 한정되면 주민들도 비교적 적으니까 직접 민주제를 할 수 있거든? 그래서 국가적 현안을 다루는 대통령 및 국회의원과 달리, 지방 자치 단체장이나 지방의원에 대해서는 간접 민주제인 선거와 직접 민주제인 주민소환제를 병행하는 거야.

우리나라의 주민소환 실시 역사를 보면, 2007년에 하남시장과 시의원들이 주민들의 동의 없이 대규모 화장장을 건립하려 했다는 이유로 주민소환 투표가 실시되었고, 2009년에는 제주도 해군기지 건설에 반대하는 시민단체들에 의해 제주 도지사 주민소환 투표가 실시되었어. 또 2011년에는 과천 시장에 대해 주민소환 투표가 실시되기도 했어. 그러나 지금껏 단 한 번도 주민소환 투표에 의해 시장이나 도지사가 물러난 적은 없어. 전체 유권자의 3분의 1 이상이 투표하지 않으면 투표함을 개표할 수 없도록 하는 엄격한 법률 때문이야.

그러다 보니 주민소환제에 대해 찬반 논란이 있겠지?
주민소환제가 공직자의 임기를 보장하는 대의제에 어긋나고, 괜히 주민 갈등만 깊어진다는 게 반대측의 논리야. 또한 주민소환의 이유가 주로 혐오 및 기피 시설을 반대하는 님비현상과 연관되어 있고, 실제 성공한 예가 없어 세금 낭비라는 거지.

반면, 찬성 측은 직접 민주제로 대의제를 보완하는 게 옳다는 입장이야. 또 전북 부안 군수가 방사능 폐기물 처리장을 유치하려다 주민들에 집단 구타당한 사례가 있었는데, 그런 폭력 사태를 예방하기 위해서라도 민주적 소환제가 필요하다고 해. 주민소환제가 실패한 이유는 엄격한 규정 탓이 크고, 제도의 존재만으로도 공직자를 늘 긴장시켜 민주적 의사결정을 하게 하기 때문에 유지해야 한다는 게 찬성 측의 주장이야. 대통령이나 장관에 대한 헌법상 '탄핵소추' 제도 역시 한 번도 성공한 적은 없지만 그렇다고 아무 의미도 없는 것은 아닌 것처럼.

탄핵소추 彈劾訴追

그런 식의 독단적인 행동을 계속한다면 탄핵감이다.
미국의 클린턴 전 대통령도 탄핵소추를 당했으나 실제 탄핵에 이르지는 않았다.

1999년 미국 워싱턴 DC. 당시 미국 대통령이었던 빌 클린턴에 대한 탄핵심판이 전 세계로 방송 중계되면서, 미국인들뿐 아니라 세계 각국의 시선이 그리로 집중되었지.

클린턴이 대통령 재직 중 백악관 여직원과 부적절한 관계를 가졌을 뿐 아니라, 그것을 숨기려 거짓말과 증거 인멸을 했다는 정황이 드러났거든. 이에 당시 미국의 야당이던 공화당은 미국 헌법에 따라 클린턴을 대통령 직위에서 끌어내리려 탄핵소추를 추진했지.

백악관 참모들과 당시 여당이던 미국 민주당 의원들이 안간힘을 쓴 결과, 클린턴은 겨우 탄핵을 면했어. 그러나 이미지가 추락하여 결국 민주당은 다음 번 대통령 선거에서 미국 공화당의 조지 W. 부시에게 정권을 빼앗기고 말았어.

2004년 3월 12일 여의도 국회의사당. 당시 우리나라 대통령이던 고故

노무현 대통령에 대한 탄핵소추 안건이 국회에서 통과되었지. 대한민국 역사상 최초의 탄핵소추였어. 노무현 대통령은 2004년 국회의원 선거를 앞두고 "대통령으로서 여당이 많이 당선되면 좋겠다"고 했는데, 대통령으로서 공직선거법상의 중립 의무를 어긴 발언이었다는 거야.

당시 여당 의원들은 수적으로 부족하다 보니 국회의장석을 점거하고 탄핵을 저지하려 했지만, 훨씬 숫자가 많던 야당 의원들은 여당 의원들을 끌어낸 뒤 다수결로 처리해 버렸지. 야당의원들은 승리의 즐거움을 만끽했어. 그러나 생방송으로 그것을 지켜본 국민 대다수는 극도로 분노했고, 결국 그해 4월 선거에서 여당은 압승, 야당은 참패하고 말았어. 그리고 5월, 헌법재판소가 탄핵안을 기각하면서 탄핵은 정치적으로나 법적으로 모두 실패했지.

이처럼 탄핵소추란 대통령이나 고위 공직자가 잘못을 했을 때 국회가 그를 직위에서 끌어내리는 것을 말해. 대통령, 국무총리, 장관, 법관 등이 그 대상이야. 그들이 헌법이나 법률에 어긋나는 행위를 하였을 때, 국회가 의결을 통해 해당 공무원을 탄핵소추하면 헌법재판소가 탄핵심판을 통해 파면할지 말지를 결정하지.

임기 중에도 고위 공직자를 견제하고 끌어내릴 수 있다는 점은 주민 소환제와 공통되지만, 대상이 지방 자치 단체가 아니라 행정부와 사법부의 고위 공직자들이라는 점, 안건을 내는 주체가 주민이 아니라 국회의원이라는 점, 투표로 끝나는 게 아니라 헌법재판소가 중립적으로 심판하여 최종 결론을 내린다는 점, 단순히 정책이나 정치적 활동이 마음에 안 드는 경우가 아니라 헌법과 법률을 위반한 경우라야 한다는 점이 다르지.

예를 들어 노무현 대통령에 대한 탄핵심판 결정문을 보면, 그 발언이 선거 중립 의무를 위반한 것은 맞지만 대통령직을 내놓게 할 정도로 아주 중대한 위법 행위를 한 것은 아니기에 탄핵은 안 된다고 씌어 있거든. 대통령이 워낙 중요한 자리다 보니 중대 범죄가 아닌 한 탄핵 사유가 될 수 없다는 제한을 둔 거야.

그래서 당시 야당 의원들 중 일부는 법적·정치적으로 탄핵은 무리라고 주장했었어. 하지만 그런 '비둘기파'는 아주 소수였기에 '매파'들의 목소리에 묻혀 버렸고, 결국 탄핵소추는 강행되었지만 탄핵을 주도했던 이들은 정치적으로 엄청난 대가를 치러야 했지.

매파-비둘기파 the Hawks-the Doves

보통 집단적으로 감정싸움이 벌어지면 비둘기파보다 매파가 우세하게 마련이다. 비둘기파로 분류되던 전임 장관에 비해, 신임 장관은 매파로 여겨진다.

매파는 급진적이고 과격한 어떤 정책이나 주장을 선호하는 강경파強硬派를 부르는 말이고, 비둘기파는 그 반대로 신중하고 평화로운 해결책을 선호하는 온건파穩健派를 일컫는 말이야. 강경파는 주전파主戰派라고도 하고 온건파는 주화파主和派라고도 해.

매와 비둘기의 습성을 생각해 보면 바로 이해가 될 거야. 매는 대표적 육식 조류로 다른 동물을 공격해서 잡아먹는 거칠고 강한 새인 반면, 비둘기는 평화의 상징으로 불릴 만큼 온순하고 사람들과도 잘 어울려 지내잖아. 요즘은 너무 가깝게(?) 지내서 문제지만.

이런 비유적 표현이 널리 퍼진 계기는 베트남 전쟁 때문이야. 전쟁이 장기화되면서 미국에서는 전쟁을 더 이상 확대시키지 말고 외교적 협상을 병행해서 빨리 해결 짓자는 이들이 등장했는데, 평화주의자라는 뜻에서 이들을 비둘기라고 부르기 시작했지. 반면, 전쟁을 더 확대시켜서라도 싸워 이기자는 이들은 매파로 불리게 됐어.

역사적으로 중대한 결정의 순간에는 항상 매파와 비둘기파가 있어 왔는데, 둘 중 어느 쪽이 더 낫다고 일률적으로 말할 수는 없어.

예를 들어 병자호란 당시 맞서 싸우자던 주전파와 일단 청의 요구를 들어주자던 주화파가 대립했었어. 결국 주전파가 이겨서 전쟁을 치르게 됐지만, 청나라에 패배하는 바람에 당시 임금이던 인조가 무릎 꿇고 머리를 땅에 대어 절하는 굴욕을 겪어야 했지.

반면 거란족이 세운 요나라가 고려를 침공했을 당시, 온건파는 땅을 떼어 주고 화친하자고 했지만 강경파는 맞서 싸우자고 했어. 강경파의 주장대로 고려는 요나라와 전쟁을 벌였고, 끝내 요나라의 침공을 막아 낼 수 있었어.

그러니 현실을 냉철하게 분석해서 그때그때 더 합리적인 쪽을 택해야 해. 그런데 실제로는 국가든 정당이든 단체든, 일단 집단적인 감정에 휩쓸리게 되면 보통 매파가 득세를 해. 일대일로 만나서 협상하면 충분히 타협하고 양보할 수 있는 문제도, 집단의 자존심이 걸리면 극단적인 대립으로 치닫는 경우가 많기 때문이지. 음악을 혼자 즐길 때보다 팬클럽이 모여 함께 즐기면 감정이 더 격해지고, 나아가 다른 가수 팬클럽과 시비가 붙으면 훨씬 더 과격해지는 것도 비슷한 군중심리야.

참고로 베트남전쟁 당시 미국에선 치킨호크chicken hawk:겁쟁이 매파라는 말도 등장했어. 늙어서 지위가 높아진 뒤에 전쟁을 외치며 강경파로 행세하지만, 정작 자기가 젊었을 때는 병역 면제를 받았던 정치인들을 꼬집는 말이지.

사실 북한의 도발이나 일본 및 중국과의 영해 분쟁이 있을 때 강경 대응을 부르짖는 우리나라 사회 지도층 중에도 의외로 병역 면제자들이 꽤 있는데, 역시 치킨호크라 할 만하지.

그런 이들은 병역 콤플렉스 때문에 더 강경한 목소리를 내서 약점을 덮으려는 심리를 보여 주는 셈인데, 일종의 심리적 '자기방어기제'라고 할 수 있지.

자기방어기제 defense mechanism

가슴 속에 깊은 상처를 가진 사람은 과도한 방어기제 때문에 대인관계가 어렵다.
방어기제를 이해하고 잘 활용하면 살아가는 데 도움이 될 수 있다.

사람은 심한 스트레스를 받을 경우, 감정적 상처로부터 자신의 내면을 보호하기 위해 무의식적으로 스스로를 속이거나 현실을 엉뚱하게 해석하는 경우가 있어. 그것을 자기방어기제 또는 줄여서 방어기제라고 해.

방어기제는 근대 심리학의 아버지로 불리는 지그문트 프로이트가 주장한 개념이야. 기제라는 한자가 좀 어렵게 느껴지지? 영어로 하면 mechanism메커니즘, 즉 기계적 구조라는 뜻인데 심리적 위험 상황에서 거의 자동적으로 작동하는 체계를 의미한다고 보면 돼.

방어기제로는 억압, 부정, 퇴행, 투사, 반동, 합리화, 승화 등이 있어. 말이 좀 어렵긴 하지만 구체적인 예랑 함께 보면 이해가 잘 될 거야.

억압은 자신의 욕망이나 상처 등을 무의식 속에 가둬 버리는 거야. 예를 들어 어릴 때 아버지의 폭력을 심하게 겪은 사람은, 그런 기억을 애써 지우고 살아가지만 그 상처가 무의식에 남아 있기 때문에 결혼할 때가 되어도 이성에 대해 왠지 모를 거부감을 느낄 수 있지.

부정은 감당하기 어려운 현실을 피하기 위해 아예 현실을 부정해 버리는 것을 말해. 사랑하는 가족의 죽음을 믿지 않고 어딘가 살아 있을 거라고 믿는 게 여기에 해당하지.

퇴행은 괴로운 현실을 피하려 어린 시절의 모습으로 되돌아가는 것을 말해. 동생이 태어나 예쁨 받는 것을 본 맏이가 아기 흉내를 내거나, 힘든 일을 앞둔 어른이 게임에만 몰두하는 것 등을 예로 들 수 있지. 물론 스트레스를 풀기 위해 주말에 놀이동산에 가거나 가족이나 애인 앞에서 잠시 응석 부리는 것은 정상적인 행동이야.

투사는 자신의 문제나 잘못을 다른 사람 탓으로 돌리는 것을 말해. 예를 들어 누군가를 미워하게 될 때, 그 증오심을 상대방에 투사해서 '저 사람은 나를 증오하는 나쁜 사람'이라고 생각해 버리는 거야. 내가 잘못해서 상대방이 화를 낼 때도 '내가 잘못한 이유는 상대가 나한테 화를 냈기 때문'이라고 생각해 버리는 것도 투사에 해당하지.

반동은 자신의 감정과 정반대로 행동하는 걸 말해. 어린 남자애들이 좋아하는 여자애한테 일부러 못되게 굴거나, 미운 놈 떡 하나 더 준다는 말처럼 짜증나고 싫은 사람에게 더 잘해 주는 경우를 꼽을 수 있지.

합리화는 어떻게 해서든 자신의 행동에 합당한 근거를 만들려는 태도
야. 이솝 우화에 나오는 여우와 신포도 이야기 알지? 배고픈 여우가 포
도를 먹는 데 실패하자 "저 포도는 너무 시어서 어차피 못 먹어"라고 혼
잣말을 하잖아. 자기 합리화인 셈이지.

승화는 자신의 동물적 욕망이나 열등감 등을 사회적 성취에 활용하는
것을 말하는데, 그나마 바람직한 방어기제라 할 수 있어. 폭력적인 사
람이 격투기 선수로 성공한다든지, 못생긴 외모에 열등감이 심한 사람
이 공부에 전념해 학자가 되는 경우 등등.

지금까지 얘기한 것 외에도, 현대 심리학에서는 수십 가지의 방어기
제가 연구되고 있어. 사람은 누구나 그중 2, 3가지 이상의 방어기제를
가지고 있다고 해. 심지어 전통적인 철학과 종교 중에서도 방어기제와
직접 연관된 것을 찾아볼 수 있는데, 대표적인 것이 '금욕주의'야.

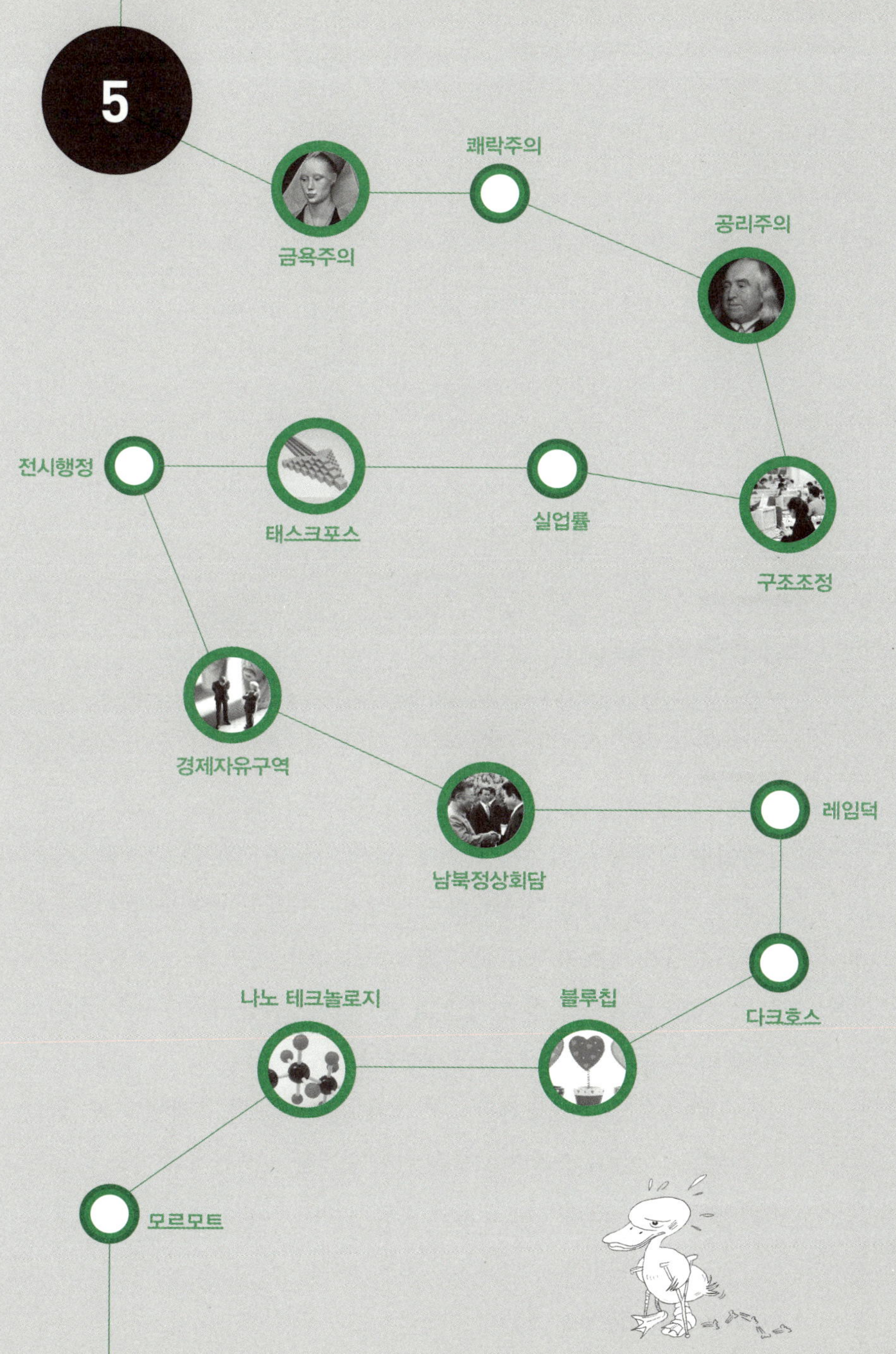

5
금욕주의
쾌락주의
공리주의
전시행정
태스크포스
실업률
구조조정
경제자유구역
남북정상회담
레임덕
나노 테크놀로지
블루칩
다크호스
모르모트

금욕주의 禁慾主義

금욕이란 욕망을 금한다는 뜻이야. 몸과 마음의 욕망을 억제함으로써 종교적·도덕적 이상을 실현하려는 사상이나 태도를 금욕주의라고 하지.

금욕주의가 방어기제의 한 유형으로 분류되는 이유는, 욕망과 감정을 억제함으로써 정신적 성취를 통해 더 큰 기쁨을 추구한다는 점에서 '승화'와 비슷한 구조를 보이기 때문이야.

금욕주의는 연습을 뜻하는 그리스어 askesis에서 유래했어. 이 말은 원래 운동선수들이 경기력 향상을 위해 절제하며 훈련에 임하는 것을 가리켰는데, 고대 그리스의 스토아 철학자들이 사용하면서 정신을 수련

한다는 의미로 변했어.

그리고 그리스 철학에 익숙했던 사도 바울이 그리스-로마 지방에 기독교를 전파하면서 금욕주의적인 신앙을 강조한 덕에 유럽과 미국 등 서구 문화 깊숙이 금욕주의가 자리 잡게 됐지.

중세시대까지 서구 문명을 주름잡았던 금욕주의는 기본적으로 정신이 육체보다 고상하며, 이성이 감정보다 우월하다는 그리스 철학을 바탕으로 했기 때문에 교육이나 문화 측면에서 인간의 본능적인 영역은 무시되어 왔어.

프로이트가 무의식과 본능의 세계를 밝혀내면서 금욕주의는 급속히 쇠퇴했지만, 오늘날까지도 가톨릭 신부들이 결혼하지 않고 독신으로 사는 것이나 개신교 목사들이 술, 담배를 꺼리는 것을 보면 그 영향이 남아 있다고 볼 수 있지.

동양에서도 금욕주의를 쉽게 찾아볼 수 있어. 힌두교, 불교, 성리학 등 주요 종교와 철학은 각각 독자적인 금욕주의를 보여 주고 있지.

지금도 인도에 가면 힌두교 신자들 중 '고행苦行'을 통해 우주의 질서에 더 가까이 가고자 하는 이들을 심심치 않게 만날 수 있어. 바늘방석 위에 누워 잔다든지, 한쪽 다리로만 서 있는다든지, 오랫동안 단식한다든지….

불교의 승려들은 고기를 먹지 않거나 일체의 외출을 삼가고 수행에만 집중하는 안거安居를 통해 금욕적인 삶을 살고 있어.

유교의 분파인 성리학은 우리나라에 가장 큰 영향을 끼친 금욕주의라고 할 수 있어. 성리학의 아버지인 주자는 하늘의 도리와 인간의 욕망은 공존할 수 없으니 욕망을 완전히 없애야 한다면서 "배고파 먹는 것은 하늘의 도리지만 맛을 따지는 것은 욕망이다"라는 유명한 말을 했지. 그

러다 보니 성리학 추종자들은 철학적인 면에서는 심오한 경지에 이르렀지만, 문화예술 분야에서는 너무 소극적인 모습을 보였어.

이처럼 금욕주의는 동·서양을 막론하고 인류 역사에 큰 영향을 끼쳤는데, 솔직히 재미도 없고 힘들기만 할 것 같은 금욕주의가 계속되어 온 이유가 뭘까?

그것은 인간이 겪는 한계 때문이야. 즉 세상의 재물과 자원은 한계가 있어 세상 모든 인간이 무한정 누릴 수 없거든. 대다수의 사람들은 늘 부족함에 시달리게 마련이야. 설령 아주 부자라서 풍요를 누린다 해도 시간적 한계와 신체적 한계는 피할 수 없어. 따라서 인간의 한계를 극복하려면 물질적 '쾌락주의'를 따르기보다, 오히려 금욕을 통해 절제하고 검소하게 사는 것이 진정한 행복의 길이라는 거지.

쾌락주의快樂主義

중국 정부는 쾌락주의 풍조를 막는다며 '명품' 광고를 금지했다.
쾌락주의자라고 하면 일단 색안경을 쓰고 바라보는 것이 현실이다.

금욕주의에 반대되는 말로 흔히들 쾌락주의를 꼽지. 원래 쾌락주의 hedonism란 인간의 행복이 즐거움과 만족감을 얻는 데 달려 있다고 생각해서, 쾌락을 인생의 목표이자 삶의 잣대로 삼는 사상을 말해.

하지만 쾌락주의에도 여러 종류가 있어.

옛날 그리스 키레네 학파의 대표 격인 아리스티포스는, 살아가며 순간순간 느끼는 감각적인 쾌락만이 선善이고 인생의 목적이라고 주장했어.

에피쿠로스라는 학자는 생각이 좀 달랐지. 그는 일시적이고 감각적인 쾌락보다는 영원히 계속되는 정신적인 쾌락을 추구해야 한다고 주장했어. 그것을 아타락시아ataraxia라고 하는데, 고통이나 불안 없이 고요한 마음 상태를 말해. 즉 에피쿠로스의 쾌락이란 명상이나 기도를 통해 얻을 수 있는 평온을 가리키지, 놀고먹는 걸 말하는 게 아니야.

그런데 이것이 후세 사람들에게 잘못 전해지면서, 에피쿠로스의 사상을 따르는 에피큐리언쾌락주의자들을 먹고 마시고 놀면서 육체적 쾌락만 추구하는 '향락주의자'와 종종 혼동하고 있으니 에피쿠로스는 억울할 거야.

하지만 저급한 쾌락이건 고상한 쾌락이건 간에 개인의 즐거움을 최고의 가치라고 한다면 모든 사람들이 자기의 즐거움만 찾는 이기적인 세상이 될 수도 있으니, 에피쿠로스 사상이 완벽하다고 할 순 없어. 게다가 앞서 말했다시피 세상의 자원은 한정되어 있기 때문에 사람들이 다들 자기 하고픈 대로만 하다가는 끊임없는 다툼이 벌어져 대다수가 불행해질 수 있겠지. 그래서 대안으로 금욕주의가 꼽히는 거야.

특히 우리나라 사람들 마음속에는 아직 유교적 도덕관념이 뿌리 깊게 남아 있어서 공직자, 학자, 종교인 뿐 아니라 심지어 연예인에게까지 금욕주의를 은근히 기대하거든. 그러니 자기가 쾌락주의자라고 대놓고 말하는 사람은 거의 찾아보기 힘들지. 지식인 중에서는 마광수 교수 정도만이 자기가 쾌락주의자라고 밝히고 있어.

하지만 오늘날 대부분의 현대인들은 은연중에 쾌락주의를 추구하고 있어. 근대 자본주의 사회가 등장하면서 새로이 등장한 '공리주의' 사상이 현대사회에 상당한 영향을 미치고 있기 때문이지.

에피쿠로스나 아리스티포스의 사상이 '개인적 쾌락주의'였다면, 공리주의 사상은 '사회적 쾌락주의'라고 할 수 있어.

공리주의 公理主義

찰스 디킨스는 『어려운 시절 Hard Times』이란 작품을 통해 공리주의적 사고방식이 산업사회에 문제점을 가져왔다고 비판했다.
'누이 좋고 매부 좋고'라는 속담에서 공리주의적 사고방식을 엿볼 수 있다.

"최대 다수의 최대 행복"이란 말, 들어 봤어? 19세기 영국의 벤담이 확립한 공리주의를 가장 잘 나타내는 말이야.

어떤 행위가 옳고 그른가는 그것이 사람들의 이익과 행복을 늘리는 데 얼마나 도움이 되는가를 기준으로 판단할 수 있다는 게 공리주의의 핵심 내용이지.

벤담은 인간의 쾌락 추구를 윤리의 기본이라고 보았어. 모든 인간은 이기적으로 쾌락을 추구하니, 가장 많은 인간이 가장 많은 쾌락을 누릴 수 있는 상태가 선善이라는 거야. 따라서 나라의 정책을 세울 때에도 '공공의 이익'을 극대화하는 방향으로 하면 된다고 했지. 그는 경제도 자유방임주의로 내버려 둘 때 애덤 스미스의 '보이지 않는 손'에 의해 모두가 가장 많은 이익을 볼 수 있다고 주장했어.

벤담의 주장을 양적量的 공리주의라고 하는데, 문제는 돈으로 셀 수 없는 생명이나 정신적 영역마저도 값을 측정할 수 있다고 봤다는 점이야. 게다가 결과만 중시하다 보니 과정의 정당성을 소홀히하게 되고 소수자의 권리가 무시될 수 있지. 예를 들어 다수를 위협하는 대규모 테러를 예방하기 위해 테러 단체 조직원을 잔인하게 고문하는 것이 정당한가라는 질문에 대해, 공리주의식 답변은 '정당하다'이거든.

그런 문제점을 보완하기 위해서, 영국의 존 스튜어트 밀은 질적質的 공리주의를 주장했어. "만족하는 돼지보다는 불만스런 인간이 낫다"는 말을 통해 인간은 저급한 본능적 욕구보다 고급스런 정신적 만족을 추구하는 존재라 주장했고, 소수자의 권리도 보호하는 것이 장기적으로는 사회 전체적으로 더욱 이롭다며 공리주의를 수정했지.

하지만 밀도 결국은 질적 쾌락이란 용어만 썼을 뿐 값을 따질 수 없는 정신적 가치를 계산할 수 있다고 보는 점에서, 벤담과 마찬가지의 오류를 그대로 갖고 있다는 비판을 받아.

공리주의는 '다수의 행복'이라는 점에서 다수결 원리와 직결되기 때문에, 현대 민주주의 정치와 선거제도 발전에 큰 영향을 끼쳤지. 경제 분야에서도 벤담의 이론은 자유무역 발전에, 밀의 이론은 사회복지와 노동자 권익 향상에 기여했어. 또한 철학 분야에도 영향을 주어 수십 년 뒤 미국에서 '실용주의'가 탄생하는 데 밑바탕이 되었어.

오늘날 우리 사회 곳곳에도 공리주의적 사고방식이 널리 퍼져 있는데 역시나 찬반 논란이 있어. 여기에 대해서는 기업의 '구조조정'을 통해 좀 더 깊이 살펴보자구.

구조조정 構造調整

오늘날 공리주의적 판단이 자주, 그리고 너무도 당연한 것인 양 이뤄지는 영역은 주로 경제와 기업 분야야. 특히 세계 각국의 기업 경영자들은 실적이 좋지 않은 사업 부서나 임·직원들에 대해 구조조정을 하고 있어.

구조조정의 원리는 기본적으로 공리주의에 바탕을 두고 있어. 그중에서도 벤담의 양적 공리주의에 더 가깝다고 할 수 있지. 경제 분야에서 공리주의적인 판단 기준은, 어떤 행위로 인한 이득(편익)과 손해(비용)를 각각 돈으로 환산하는 거야. 그래서 이득 금액이 손해 금액보다 더 크면 올바른 것이고, 손해 금액이 이득 금액보다 더 크면 옳지 않다고 보는 건데, 이걸 비용-편익 분석이라고 해.

끊임없이 투자를 할 것인지 말 것인지를 결정해야 하는 기업 경영자들 입장에선 가장 손쉽고 합리적으로 보이는 원칙이 바로 비용-편익 분석이야.

예를 들어 어떤 대기업이 PC와 휴대전화를 만드는데, PC사업에서 갈수록 손실만 더 커진다고 쳐. 이 경우 공리주의적으로 옳은 판단은 PC사업을 포기하거나 규모를 줄여서 손실액을 줄이는 거야. 결국 경영자는 PC사업을 접게 될 거야. 이때 공장 시설은 싼 값에 팔고 임·직원들은 '정리해고'를 하게 될 텐데 그걸 구조조정이라고 해.

우리나라에서 구조조정이란 말은 1997년 외환위기 이후 IMF 경제 체제에서 본격적으로 등장했어. 유명한 대기업들이 줄줄이 무너지면서 수많은 공장들이 문을 닫고 임·직원들은 졸지에 직장에서 쫓겨났지. 물론 경영자들은 기업 전체가 무너지는 것을 막기 위해 어쩔 수 없이 구조조정을 한 것이고, 그 덕에 겨우 살아난 기업들도 적지 않아. 그러니 공리주의적으로 보면 합리적인 판단이라고 할 수 있겠지.

하지만 그로 인해 정리해고 당한 사람들과 그 가족들에게는 마른하늘에 날벼락이 따로 없었어. 직장을 잃고 경제적으로 급속히 어려워지자 가족 전체가 신용불량자로 전락하는 경우도 늘어났고, 힘든 삶을 견디다 못해 이혼과 자살을 택하는 이들도 끊이지 않았지.

게다가 평생직장이란 개념이 사라지면서 일단 채용되면 정년이 보장되는 공무원 및 공기업 시험 열풍이 부는 바람에 수많은 청년들이 대학

졸업 후에도 30세가 넘도록 고시원에서 젊음을 낭비하는 현상이 생겨났어. 다른 나라에서는 한창 일할 나이의 청년들이 취직 시험 준비만 하고 있으니 국가적으로도 엄청난 손실이지.

이처럼 기업 입장에서는 구조조정이 유익한 경우라 하더라도, 사회 전체의 비용-편익을 따져 보면 도리어 손해가 더 큰 경우가 많아. 기업이야 성과 없는 사업을 포기하면 그만이지만 국가는 모든 국민을 차별 없이 보호해야 할 의무가 있잖아? 그러니 기업을 경영하는 방식으로 국가의 정책이나 정치적 결정을 해서는 안 되지.

특히 구조조정으로 실업자가 늘면 온갖 사회적 문제가 뒤따르기 때문에 세계 각국 정부들은 '실업률' 통계를 주의 깊게 살피며 실업률을 줄이기 위해 노력하고 있어.

실업률 失業率

1997년 외환위기로 인해 수많은 기업이 무너지면서 실업률이 급속도로 증가했다. 우리나라의 실업률 통계는 현실과 동떨어져 있다는 비판을 받고 있다.

실업률이란 경제활동이 가능한 인구 중에서 실업자들이 차지하는 비율을 가리키는 말이야.

만 15세 이상의 국민 중에서 일할 능력과 취업할 의사를 다 갖춘 사람들을 '경제활동인구'라고 하는데, 경제활동인구 중에서 일자리를 갖지 못한 사람들이 몇 퍼센트인지를 나타낸 게 실업률이야.

실업자가 늘면 가난으로 인한 자살과 범죄가 늘어나 사회적으로 문제
가 돼. 뿐만 아니라, 실업자가 늘면 소비가 줄고 소비가 줄면 상품이 팔
리지 않아 기업들도 문을 닫게 되기 때문에 또다시 실업자가 늘어나는
악순환이 발생하지. 그래서 세계 각국은 어떻게 해서든 실업률을 줄이
려 하고 있어.

사실 우리나라는 선진국에 비해 실업률이 무척 낮은 편이야. 선진국
그룹인 경제협력개발기구OECD 34개 국가들의 2010년도 통계를 보면, 우
리나라 실업률은 3.8퍼센트로 노르웨이에 이어 2번째로 낮은 수준이지.
언뜻 보면 '어, 우리나라가 꽤 괜찮은 나라구나' 하는 생각이 들 거야.

그런데 이상하지? 주위를 둘러보면 실업자들이 정말 많거든? 실업률
3.8퍼센트면 100명 중 4명만 실업자라는 얘긴데, 국민이 느끼는 체감
실업률과는 너무 다르니 고개를 갸우뚱하게 돼.

그 이유는 실업률을 계산하는 방식의 허점 때문이야. 분모가 되는 경
제활동인구를 꼽을 때 열심히 직업을 찾고구직 있는지를 기준으로 하다
보니, 연이은 취업 실패로 낙심해서 구직 활동을 쉬고 있는 수많은 이들
이 제외되거든. 또 우리나라는 외국에 비해 대학생도 훨씬 많고, 남자들
은 의무적으로 군대를 가야 하는데 그 인원을 다 제외해 버린단 말이지.

분자가 되는 실업자의 기준에도 문제가 있어. 직장을 구하지 못해 파
트타임part time으로 단기 아르바이트만 하고 있더라도 실업자가 아니라
고 본단 말이야. 그런데 우리나라는 외국에 비해 유별나게 치킨, 피자,
주유소, 커피숍 등이 많기 때문에 아르바이트 자리도 많거든.

분모는 줄이고 분자는 늘려 잡으니 당연히 실업률이 아주 낮게 나올
수밖에 없지. 따라서 정부가 낮은 실업률을 자랑하다간 국회의원들한

테 눈 가리고 아웅 하지 말라며 혼쭐날 수밖에 없어.

이처럼 실업률 통계는 여러 가지 허점을 가지고 있기 때문에 그에 반대되는 통계 지표로 '고용률'이 주목받고 있지.

군인과 감옥에 갇힌 재소자를 제외한 만 15세부터 만 64세까지의 인구를 '생산가능인구'라고 하는데, 그중에서 실제로 일하는 이들이 몇 퍼센트인지를 나타내는 것이 바로 고용률이야. 이렇게 통계를 내면 취업을 포기한 수많은 이들도 분모에 포함되기 때문에 실업률보다는 그나마 좀 더 현실적인 통계를 얻을 수 있지.

앞서 말한 2010년도 경제협력개발기구 통계에서 고용률을 기준으로 순위를 매기면, 안타깝지만 우리나라는 63.3퍼센트로 34개국 중에서 21위에 불과할 뿐 아니라 평균인 64.6퍼센트에도 못 미쳐.

고용률 수치도 한계는 있어. 단기 아르바이트조차 취업자로 치기 때문에 실제보다 비율이 훨씬 부풀려져 있지. 그래서 최근 통계청, 고용노동부, 기획재정부가 함께 '태스크포스' 팀을 만들어 체감 고용률에 가까운 현실적 지표를 준비 중이야.

태스크포스 task force

보이스 피싱을 방지하기 위해 범 정부적 태스크포스팀이 구성되었다.
남북정상회담을 앞두고 보통 회담 준비를 위한 태스크포스 회의가 열리곤 한다.

태스크포스란 원래 군사용어야. 일반적인 부대의 구성과는 달리 특수

한 임무를 수행하기 위해 그에 맞는 사람을 뽑아서 만든 소규모 특별 부대를 가리키는 말이지. 태스크포스 팀TFT이 정확한 명칭인데 요즘은 줄여서 태스크포스TF라고 해.

영화 〈반지의 제왕〉 1편의 반지 원정대 구성을 보면 이해가 빠를 거야. 반지 운반을 책임지는 호빗족의 프로도와 친구들, 활쏘기의 달인인 엘프족의 레골라스, 근접 전투를 담당하는 드워프족의 김리, 마법 담당 간달프, 그리고 리더인 인간족의 아라곤이 팀을 이뤄 반지를 파괴하는 임무를 띠고 떠나는 장면이야말로 태스크포스의 전형적인 모습이라 할 수 있어.

각종 온라인 게임의 파티나 공격대 구성도 이와 유사해.

쉽게 말해 각 분야의 전문가들이 특별 임무를 해결하기 위해 한시적으로 활동하는 프로젝트 팀. 그걸 태스크포스 팀이라고 하는 거야. 요즘은 주로 정부나 기업에서 어떤 특별한 사업을 벌일 때 기존 조직과 별개로 만드는 임시 조직을 가리키는 말로 많이 쓰이고 있어.

그런데 왜 이런 팀을 만드는 걸까?

여러 분야나 부서가 함께 처리해야 할 일이 생겼다고 생각해 봐. 각 부서의 의견을 모아야겠지? 그런데 저마다 자기 일로 바쁘다 보면 그 일을 귀찮아할 수도 있어. 또 같은 부서가 아니다 보니까 아무래도 일 처리가 잘 안 되거나 속도가 더뎌질 수 있어.

그런 문제를 해결하려면 그 분야나 부서에서 사람을 뽑아 한 팀으로 모아야 해. 그래야 의사소통이 더 쉽고 빨라질 뿐 아니라, 소속감이 생기고 성공과 실패에 대한 책임 소재도 분명해지니 다들 더 적극적으로 일하게 된단 말이야. 그래서 정부가 교육과정이나 입시 제도를 개편할 때면 각 과목 전문가들을 모아서 TF를 만들곤 하는 거지.

이처럼 태스크포스는 기존 업무는 잘 유지하면서도 새로운 변화에 대응하는 효과적인 수단으로 많이 활용되고 있는데, 요즘은 너무 남발되고 있는 것 같아.

가끔 뉴스를 보면 수능시험장의 부정행위를 단속하는 것처럼 매년 하던 일조차 TF를 만들었다는 얘기가 나오는데, 내용을 살펴보면 예년에 하던 것이나 별반 다를 바 없거든. 윗사람이나 국민에게 우리가 이렇게 열심히 하고 있다는 걸 보여 주기 위해 오버하는 셈인데, 이런 것을 '전시행정'이라고 하지.

전시행정 展示行政

국민 세금만 낭비하는 전시행정은 사라져야 한다.
주로 후진국에 독재국가일수록 전시행정이 많다.

전시행정이란 실질적 내용도 없이 보여 주기 식의 일을 벌이는 정부나 공공 기관의 행위를 가리키는 말이야. 실속은 하나도 없으면서 겉만 번지르르하게 꾸며 국민의 세금만 낭비하는 행위를 비난할 때 주로 쓰지.

대표적인 전시행정 사례로 18세기 러시아 고위 관리였던 그레고리 포템킨의 '포템킨 마을' 일화를 꼽을 수 있어. 당시 러시아는 '뉴러시아'라는 넓은 지역을 점령했는데, 포템킨은 그곳의 책임자였어.

1787년 황제가 그 지역을 방문하게 되자, 포템킨은 두꺼운 종이에 풍요

로운 마을 풍경 그림을 그려 강둑에 세웠다고 해. 그리고 황제가 지나가
는 곳마다 그 그림을 옮겨다 세워 놓는 식으로 황제의 눈을 속였다지. 이
후 포템킨 마을은 전시행정의 대표적인 사례로 후세에 알려지게 되었어.

전시행정과 비슷한 것으로 탁상행정이란 말이 있는데,
관리들이 실제 상황은 모른 채 책상에서 서류로만 일을 처
리하다가 현실에 맞지 않는 엉뚱한 결정을 내리는 걸 말해.

전시행정이 보여 주기식 행정이라면, 탁상행정은 현실
을 모르거나 자기네 편리한 대로 처리하는 걸 가리킨다는
점에서 약간 차이가 있어. 그러나 같은 현상을 다른 각도

에서 지칭하기도 하지. 예를 들어 서울 대학로의 멀쩡한 보도블럭을 뜯
어내고 수십억 원을 들여 인공 실개천을 만든 것이 전시행정의 표본이
라면, 밤길에 개천에 발이 빠져 다치는 시민이 속출하자 임시방편으로
부랴부랴 보기 흉하게 뚜껑을 덮어 버린 것은 탁상행정의 표본이라고 할
수 있지.

이런 전시행정은 왜 일어나는 것일까? 가장 큰 원인은 앞서 러시아
나 중국 사례처럼 수단, 방법 가리지 않고 윗사람에게 잘 보이려는 관
료주의의 속성 탓일 거야. 당장 뭔가 실적을 내는 데만 급급하다 보면
무리한 일을 벌이게 되는 거지. 그래서 주로 후진국이나 독재국가처럼
국민의 사회적 감시는 느슨하고 권력자의 눈치만 보면 되는 나라에서 자
주 발생해.

민주주의 국가라고 해서 전시행정이 아예 없는 것은 아니야. 민주 국
가에서는 오히려 국민, 즉 일반 대중에게 업적을 보여 주려 애쓰게 되지.

특히 지방 자치 단체들이 선거를 앞두고 지역민들의 환심을 사기 위

해 각종 편의시설이나 대형 사업을 유치하는 경우가 정말 많아서 문제
야. 우리나라 곳곳에서 벌어지는 이름 모를 축제들이나, 곳곳에 설치된
'경제자유구역'들을 그 예로 꼽을 수 있지.

경제자유구역 經濟自由區域

경제자유구역이란 외국인이 우리나라에 많이 투자할 수 있게 하기 위해
서 국가가 특별히 선정한 지역을 가리켜. 외국 기업이 경제자유구역으
로 지정된 지역에 투자를 하면, 세금을 깎아 주고 공장 부지를 싼 값에
빌려 주며 규제를 완화하는 등 기업 활동에 특혜를 줘.

원래는 경제특구라는 용어가 널리 쓰였었는데, 우리나라에서는 지난
2002년 '경제자유구역의 지정 및 운영에 관한 법률'이 제정되면서 경제
자유구역이란 용어로 대체되었어.

경제특구란 용어는 중국에서 시작되었어. 중국은 1979년부터 외국
자본과 기술을 도입하기 위해 중국 동남부의 해안지대 항구도시들을 중
심으로 '경제특구 경제특별구역'을 여러 개 만들었어. 중국의 저렴한 노동
력과 거대한 시장에 매력을 느낀 외국 기업들이 몰려들었고, 중국 경제
는 상당히 활성화됐지.

경제특구라는 용어는 중국에서 유래했지만 특정 지역을 정해 세금을

깎아 주고 기업 활동의 자유를 보장하는 것은 홍콩이나 싱가포르가 중국보다 일찍 도입해서 성공을 거둔 사례가 있으니 오해하지 말기!

하여간 홍콩, 싱가포르, 중국의 성공에 자극받은 다른 나라들도 경제특구나 자유무역지대 등을 설치하기 시작했어. 중동의 두바이도 자유무역지대를 설치해서 한때 큰 성공을 거두었지. 미국발 금융위기 이후 망하기는 했지만.

북한도 1991년 중국 국경 근처의 나진—선봉 지역을 '자유경제무역지대'로 설정했었어. 그런데 중국이 도와주지 않아 실패하는 바람에 1998년에 헌법을 바꾸면서까지 '특수경제지대'를 허용하면서 외국인 투자를 이끌어 내려 했지. 하지만 워낙 폐쇄적인 사회다 보니 우리 기업들이 진출해 있는 '개성공단'만이 겨우 명맥을 유지하고 있어.

우리나라는 1997년 외환위기 이후 본격적인 외국인 투자 유치 열풍이 불었고, 2000년대 들어 싱가포르, 홍콩, 상하이, 두바이를 본받자며 경제자유구역이 지정되기 시작했어. 2003년, 국제공항과 항구를 겸비한 인천이 최초의 경제자유구역으로 지정되었지.

하지만 인천에 본격적인 사업이 시작되기도 전인 그해 10월, 부산·경남 진해와 전남 광양이 추가로 경제자유구역에 지정되었어. 게다가 2008년 5월에는 대구·경북, 황해(경기도 평택 주변지역), 새만금·전북 군산이 추가로 지정되어 총 6개의 경제자유구역이 생겼지. 그런데 각 경제자유구역은 3~4개씩의 지구로 구성되어 있거든? 결국 이 작은 나라에 사실상 20개가 넘는 경제자유구역이 있는 셈이야.

결과적으로 외국인 투자가 활성화된 곳은 찾아보기 힘들고, 부동산 투기만 신나게 벌어지다가 지금은 그마저도 한풀 꺾인 상황이지.

대체 왜 이런 일이 벌어졌을까? 그 이유는 경제자유구역이 경제 논리가 아니라 정치 논리로 지정됐기 때문이야. 지역 주민들의 인기를 얻을 목적으로 경제자유구역이 남발되면서 허울뿐인 지역이 되어 버린 거지.

다만 정치 논리라고는 해도, 2007년 '남북정상회담'에서 황해도 해주에 경제특구 설치를 합의한 것 등은 한반도 평화를 위한 정치적 결단이기 때문에 앞서 말한 지역 이기주의와는 차원이 다르다고 할 수 있어.

남북정상회담 南北頂上會談

정상회담이란 둘 이상의 국가 최고지도자들이 만나서 여러 안건에 대해 논의하는 외교적 행위를 말해. 특별히 남북정상회담이라고 할 때는 우리나라 대통령과 북한의 최고지도자가 만나서 한반도 문제에 대해 논의하는 것을 가리키지.

1950년 한국전쟁 이후 우리나라와 북한은 서로 적대시했기 때문에 외교적 왕래를 거의 하지 않았어. 1980년대 이후 소련이나 중국 등 기존 공산주의 국가들이 개혁·개방에 본격적으로 나서면서, 1990년대 들어서야 남북 고위 공무원들끼리 몇 차례 회담을 가졌어.

그러다 북한이 핵무기 개발을 추진 중인 것이 국제적인 이슈로 떠올랐지. 북한은 세계 각국이 만류했는데도 핵 개발을 강행하겠다고 했고, 미국 정부는 은밀히 북한의 핵 시설을 폭격하는 계획까지 세웠었어. 한반도에 또다시 전쟁의 기운이 감돌고 있었지.

1994년, 북한 핵 문제를 협상하기 위해 북한을 방문한 전직 미국 대통령 지미 카터를 만난 김일성 주석은, 당시 우리나라 김영삼 대통령과의 정상회담을 제안했어.

우리 정부는 즉각 정상회담을 수락하고 협의를 시작했지만, 한 달 뒤인 7월에 김 주석이 갑자기 사망한 데다 김 대통령이 장례식 조문을 거부하면서 남북관계는 다시 싸늘해졌지.

이후 1997년 대선에서 민주당 김대중 대통령이 당선되면서 우리 역사상 최초로 평화적·민주적 정권 교체가 이뤄졌어. 김 대통령은 2000년 3월 9일 독일 통일의 상징적 도시인 베를린에서 남북 화해를 위한 베를린 선언을 했고, 북한이 여기에 화답하면서 드디어 2000년 6월 13일부터 15일까지 북한 평양에서 김대중 대통령과 김정일 국방위원장 간에 남북정상회담이 성사되었지.

남북 정상은 '6.15 공동 선언'을 통해 한반도 평화를 위한 교류 협력을 본격적으로 시작했어. 이후 본격적인 햇볕정책을 통해 금강산 관광이나 개성공단 같은 남북 교류가 꽃을 피웠지.

하지만 북한은 경제협력과는 별개로 군사적 위협을 지속했어. 2002년 월드컵의 열기가 한창일 때 서해교전(추후 제2연평해전으로 이름이 바뀜)을 감행했고, 핵 개발을 계속하다가 UN의 공식적인 제재를 초래했지.

그래서 노무현 대통령은 당선 이후에도 굳이 남북정상회담에 매달리지 않았고, 2007년 10월에야 평양에서 두 번째 남북정상회담이 이뤄졌어. 두 정상은 '10.4 공동선언'을 통해 서해 평화협력 특별지대와 해주 경제특구 설치에 합의했지.

하지만 2007년 12월 대선에서 북한에 대해 강경한 입장을 취하는 한나라당 이명박 대통령이 당선되면서 10.4 공동선언의 내용은 대부분 폐기되다시피 했어. 이후 금강산 관광객이 피살되면서 금강산 관광도 중단되었고, 북한의 지속적인 핵 개발과 연평도 포격 도발로 인해 남북관계는 최악으로 치달았지.

실은 이 대통령도 정상회담을 하려고 비밀리에 협상 중이었는데 김 위원장이 사망하고 김정은이 후계자가 되는 바람에 남북정상회담은 당분간 어렵게 됐어. 원래 정상회담이란 각국의 최고 권력자들이 직접 만나 어려운 일들을 단번에 풀어내기 위한 것인데, 어린 김정은은 북한을 확실히 장악하지 못했고 이 대통령도 임기 말이라 '레임덕' 현상을 겪고 있기에 정상회담의 실효성을 장담할 수 없게 됐거든.

레임덕 lame duck

임기 말에는 으레 레임덕 현상이 나타나게 마련이다.
그 협회장은 임기 말이라 레임덕인데도 불구하고 열심히 활동하고 있다.

레임덕이란 절름발이 오리라는 뜻이야. 오리가 다리를 절뚝거리며 힘겹게 뒤뚱뒤뚱 걷는 모양새를 상상해 봐. 누군가 살짝 밀기만 해도 넘어질 듯한 모습이 우습기도 하고 애처롭기도 하겠지. 그런 오리는 도망칠 능력조차 없으니, 사냥꾼 입장에서는 굳이 총알을 낭비할 필요가 없는 만만한 존재라 할 수 있어.

이 말은 18세기 영국 런던 증권거래소에서 경제용어로 쓰이기 시작했어. 당시 주식투자 실패로 큰 빚을 진 뒤 경제적 무능력자로 전락하고 증권거래소에서 쫓겨난 사람들이 있었는데, 그들을 가리켜 레임덕이라고 불렀어.

레임덕은 물 건너 멀리 미국으로 가면서 그 쓰임새가 달라졌어. 경제용어에서 정치용어로 탈바꿈했지. 미국에서는 재선에 실패한 현직 대통령이 남은 임기 몇 달간 권력을 잃고 갈팡질팡하는 모습을 가리키는 의미로 쓰였어. 그러다가 꼭 대통령이 아니더라도 임기가 끝날 날이 가까워진 리더의 모습을 가리키는 말로 쓰이게 됐지. '임기 말 증후군' 또는 '임기 말 권력누수 현상'이라고도 해.

요즘 들어서는 꼭 임기 말이 아니더라도 어떤 이유로 인해 권력을 잃은 리더를 가리키는 말로 쓰이기도 해. 즉 대통령이나 그 친인척이 비리 사건에 연루되어 탄핵당하거나 국민의 지지를 잃는 경우에도 레임덕 현상이 일어났다고 할 수 있는 거야.

레임덕 현상이 일어나면 어떤 문제가 생길까? 가장 큰 문제는 이른바 '영슈'이 서지 않는다는 점이야. 어차피 조금 있으면 임기가 끝

날 테니 부하들이 말을 듣지 않는 거지. 그러면 리더는 다음 세 가지 중 한 가지 이상의 행동을 보일 수 있어.

첫째, 겸손하게 자기 하던 일을 마무리 짓는다.
둘째, 자기 말을 듣게 하려고 더 난폭하고 과격하게 군다.
셋째, 조금이라도 골치 아픈 일은 아예 하지 않으려고 미룬다.

리더가 두 번째나 세 번째를 택하는 경우 그 국가나 조직은 불행해질 수밖에 없어. 특히 두 번째를 선택할 경우, 정치적 목적으로 반대파들을 탄압하거나 경찰·검찰을 활용해서 약점을 잡아 형사처벌하여 두려움을 줄 수도 있어. 그렇게 되면 '공안정국公安政局' 또는 '사정정국司正政局'이 되고 말아.

하지만 그런 식으로 하다가는 그 리더가 속한 세력이 다음 선거에서 이기기 어렵겠지? 그래서 보통 리더의 임기 말에는 후계자 자리를 노리는 후보들이 속속 나타나게 마련이야.

그중에서도 별로 눈에 띄지 않다가 갑자기 급속도로 힘을 키우는 후보자를 '다크호스'라고 해. 레임덕과 마찬가지로 동물에서 따온 비유적 표현이지.

다크호스 _{dark horse}

2002년 월드컵 우승 후보였던 스페인은 다크호스 대한민국에 발목을 잡혔다.
지난 미국 대통령 선거에서는 다크호스였던 버락 오바마가 결국 대통령에 당선되었다.

다크호스란 원래 경마장에서 쓰던 용어야. 사람들에게 잘 알려져 있지 않았는데 의외로 속도가 빨라 우승을 넘보는 말을 가리켰지.

이후 정치 지도자를 뽑는 선거나 각종 운동경기 등에서 예상 외의 실력과 강력한 힘을 보여 주는 후보자나 선수를 지칭하게 됐어.

예를 들어 지난 2002년 대통령 선거 당시 한나라당 이회창 후보 측은 압도적인 지지율을 바탕으로 '이회창 대세론'에 안주하고 있었어. 그러다 다크호스처럼 급속한 상승세를 보인 노무현 후보에게 패배했지. 또 지난 미국 대통령 선거에서는 거의 정치 신인이나 다를 바 없는 버락 오바마 상원의원이 다크호스로 급부상하여 결국 대통령에 당선되기도 했어.

말馬이 들어가는 말을 하나 더 볼까? 스토킹호스 _{stalking horse}는 몰래 접근하는 은신마라는 뜻이야. 이 말은 각종 선거에서 볼 수 있는 들러리 또는 허수아비 후보자를 가리켜.

사냥꾼이 가까이 가면 짐승들이 도망가지만 사냥꾼이 타던 말이 가까이 가면 짐승들이 도망가지 않거든. 그래서 서구 사냥꾼들은 말을 보내서 짐승들의 주의를 끈 뒤 사냥을 하곤 했대. 스토킹호스는 여기에서 유래한 말이야.

지난 2002년 민주당 대선 후보 경선 과정에서 다크호스 노무현 후보가 1위로 올라서자 기존에 잘 나가던 이인제, 한화갑 등 후보들이 경선을 중간에 거부해 버렸어. 어차피 질 게임을 하느니 판을 깨 버리겠다는 심산이었지. 그런데 상대적으로 지지율이 미미했던 정동영 후보가 '경선 지킴이'를 자처하면서 끝까지 선거를 치렀어. 그 덕에 경선을 잘 마칠 수 있었지. 이런 경우에 '경선 지킴이'를 스토킹호스라고 할 수 있어.

스토킹호스란 말은 경제용어로 쓰이면서 조금 다른 뜻을 갖게 됐어. 굳이 번역하자면 '경매 지킴이'라고 할까? 망한 회사를 경매로 넘길 때 경매 참가자가 별로 없으면 너무 헐값에 팔릴 수 있어. 그래서 미국에서는 경매하기 전에 먼저 특정 업체와 최저 얼마 이상의 금액으로 계약하기로 약속해 두는 거야. 그걸 '우선 경매 참가자', 즉 스토킹호스라고 하지. 다른 회사가 경매에서 이기려면 스토킹호스보다 높은 가격을 불러야만 하니, 자연히 경매가 성공적으로 이뤄지겠지?

실제 2011년에 스토킹호스 방식으로 초대형 경매가 이뤄졌지. 파산한 캐나다 통신업체 노텔의 통신 기술 특허 6천여 개를 차지하기 위해 구글, 애플·MS 등 6개 회사 연합군이 경매에 참가했지. 노텔은 Wi-Fi나, LTE 등 4G 통신 기술 특허를 갖고 있었거든.

처음엔 구글이 스토킹호스 자격을 얻으면서 유리한 위치를 차지했지만, 결국 애플·MS 연합군이 45억 달러(약 5조 원)라는 어마어마한 금액을 내서 승리를 거뒀지. 스토킹호스 방식 덕에 경쟁이 치열해져서 당초 예상가보다 훨씬 큰 금액으로 경매가 이뤄졌어.

그런데 아무리 특허 기술이라고는 하지만 인수하는 데만 5조를 쓰다니! 애플·구글 같은 IT업계의 '블루칩' 기업들이 그만큼 특허 기술 인수에 열중하고 있다는 뜻이겠지.

블루칩 blue chip

그 여배우는 연이은 영화의 성공으로 충무로의 블루칩이라 불리고 있다.
우리나라 주식시장의 블루칩 기업들은 외국인 투자자들에게도 인기가 많다.

보드게임이나 포커를 할 때 실제 화폐 대신 게임용 코인동전을 쓰는 것 봤지? 그걸 칩이라고 하는데, 블루칩이란 말 그대로 파란색 코인이란 뜻이야.

이 블루칩이 경제용어로 쓰이면 주식시장의 대형 우량주들을 가리켜. 대형 우량주란 회사 규모가 크고 재정도 튼튼한 데다 시장 점유율도 높고 앞으로도 성장 가능성이 큰 우량기업의 주식을 말하는데, 보통 그 나라를 대표하는 회사들의 주식이지. 우리나라에서는 포스코, 삼성전자 등이 블루칩이야.

블루칩보다 한 단계 아래의 우량주들은 옐로칩이라고 해.

블루칩의 기원에 대해서는 두 가지 설이 있어. 우선 서양 도박장인 카지노에서 포커게임을 할 때 돈 대신 사용되던 흰색, 붉은색, 파란색 칩 가운데 파란색이 가장 고가로 사용된 데서 유래되었다는 설이 있어.

또 하나. 세계 금융의 중심지인 미국 뉴욕의 월가wall street 는 원래 유명한 소 시장이었어(그래서 월가 증권거래소 앞에는 황소 동상이 있어). 여기서 정기적으로 황소 품평회를 열었는데 1등을 한 소에게는 파란색 천을 둘러주었다고 해. 블루칩이 여기서 유래했다는 얘기도 있어.

주식들이 대부분 상승하는 시장 상황을 상승장 또는 강세장이라고 하는데 영어로 bull market, 즉 황소 시장이라고 함. 반면 주식들이 대부분 하락하는 시장 상황을 하락장 또는 약세장이라고 하는데, 영어로 bear market, 즉 곰 시장이라고 함.
황소는 뿔을 위로 들어 공격하는 반면, 곰은 앞발을 위에서 아래로 내려찍어 공격하는 데서 유래.
여의도 증권거래소 앞에는 황소가 곰을 밀어 넘어뜨리는 동상이 서 있는데, 주식시장이 계속 상승하기를 바라는 뜻을 담고 있음.

오늘날 미국의 블루칩은 애플이나 구글이야. 하지만 지금부터 5년 전만 해도 애플, 구글은 명함을 내밀기 어려웠지. 그처럼 현대사회가 급변하면서 블루칩 기업도 끊임없이 바뀌고 있어.

일례로 기업 경영의 필독서라 불리는 짐 콜린스의 『좋은 기업을 넘어 위대한 기업으로』를 보면 미국에서 수십 년간 지속적으로 좋은 실적을 내고 있는 '위대한 기업' 명단이 나와. 미국의 블루칩들인 셈이야. 그런데 겨우 5년 뒤인 2007년에 그 '위대한 기업'들은 미국발 금융위기로 줄줄이 무너졌어. 짐 콜린스는 충격을 받아 『위대한 기업들은 다 어디로 갔을까』라는 책을 내기도 했어.

그처럼 오늘날 블루칩이 미래에도 블루칩이 된다는 보장은 없어. 그래서 우리 정부와 기업들은 끊임없이 미래에 유용하게 쓰일 기술을 연구하고 있는데 바이오 테크놀로지, 나노 테크놀로지 등이 특히 유망하다고 볼 수 있어.

나노 테크놀로지 nano-technology

20세기가 마이크로미터의 시대였다면 21세기는 나노미터의 시대다.
정부는 나노기술을 육성하기 위해 법률까지 만들어 지원하고 있다.

나노란 난쟁이를 뜻하는 나노스 nanos 에서 유래한 것으로, 10억분의 1을 뜻해. 옛날에는 100만분의 1을 뜻하는 마이크로까지가 인류 과학기술의 한계로 여겨져 왔어. 그런데 1980년대 이후 원자들의 결합 상태를 보며 조작할 수 있는 장비들이 개발되면서 나노미터 급의 미세 물질을 가공할 수 있게 되었지. 1나노미터ₙₘ는 10억분의 1미터로 머리카락 굵기의 10만분의 1에 불과하기에 눈으로는 볼 수 없지.

나노 테크놀로지, 즉 나노기술이라는 것은 물질을 나노미터 크기의 상태에서 관찰하고 조작하는 과학기술을 말해.

나노기술을 사용하면 어떤 좋은 점이 있을까? 우선 물질을 원자 단위에서 조작할 경우 지금껏 세상에 없던 새로운 물질을 만들어 낼 수 있어. 우리나라나 외국의 연구결과를 보면 가벼우면서도 엄청나게 단단한 금속이나 이리저리 휘는 휴대전화 디스플레이 또는 먼지가 묻지 않는 옷 등을 만들어 낼 수 있다고 해.

또 갈수록 첨단 전자제품이 기능은 늘고 크기는 작아지면서 그에 따라 더 작고 얇은 반도체를 필요로 하는데 여기에도 나노기술이 유용하지. 2011년 삼성전자는 세계 최초로 10나노미터 급 메모리 반도체를 만들어 주목을 받았어.

미국, 일본 등은 1990년대부터 나노기술을 국가적 과제로 삼아 연구해 오고 있어. 우리나라도 2002년 나노기술 개발촉진법을 제정해 나노기술 연구를 장려하고 있지.

나노기술의 중요도가 부각되지면서, 한때 '나노'라는 용어가 유행처럼 쓰이기도 했어. 삼성전자의 '은나노' 세탁기가 인기를 끌기도 했지.

그런데 나노기술이 워낙 미세한 영역을 다루는 것이다 보니, 그에 따른 위험성도 만만치 않다고 해. 실제로 영국 브리스톨대학교의 2009년 연구에 따르면, 나노 입자가 근처에만 있어도 세포의 DNA를 손상시킬 수 있다고 해. 또 인체에 해롭지 않은 물질도 나노 상태로 바뀌면 예상

하지 못한 치명적 물질로 변할 수 있대.

　나노기술의 위험성이 알려지자 미국에서 은나노 세탁기를 둘러싼 논란이 생겨났어. 미국 환경단체들은 세탁기에서 물이 배출될 때 은나노 입자가 흘러나와 강으로 유입되면 생태계가 파괴될지 모른다며 미국 환경보호국EPA에 검사를 의뢰했는데, 미국 환경보호국은 검사 결과 "삼성 은나노 세탁기는 나노기술 제품이 아니다"라고 공식 발표했어. 사실은 예전부터 쓰이던 은이온 발생 기술에 불과한데 은나노인 양 홍보했다는 거였지. 인체에 해롭지 않다니 다행이지만, 과장 광고가 딱 걸리는 바람에 삼성전자는 욕을 좀 먹었어.

　사실 거의 대부분의 첨단기술은 위험요소가 있어. 나노기술뿐 아니라 원자력 기술, 유전자 조작 등도 그렇지.

　그렇다고 뭘 해도 상관없다는 얘긴 아니야. 생태계와 인체에 유해하지 않도록 예방해야 하고, 안전성을 철저하게 검증해야 하지. '모르모트'를 비롯한 동물들이 오래전부터 이런 실험에 사용되어 왔어.

모르모트

모르모트 또는 기니피그는 작고 뚱뚱한 설치류쥐, 다람쥐의 이름이야. 실제로 보면 햄스터보다 조금 큰 크기에 먹성 좋고 귀여워서 애완동물로도 인기가 많지. 남아메리카의 페루가 원산지로 원주민들은 식용으로 사육했었는데, 16세기경 네덜란드 탐험가에 의해 유럽으로 건너갔다고 해.

모르모트는 1700년대 후반부터 인체를 대신하는 동물실험에 사용되어 왔어. 쥐 같은 포유류와 달리 비타민C를 몸속에서 합성하지 못하는 등 사람이나 원숭이와 유사한 특징을 보이는 데다, 태어난 지 3개월만 지나면 새끼를 밸 수 있는 등 번식이 빨라서 실험용으로 적합했기 때문이지.

현대 과학 실험에서는 예민하다는 이유로 모르모트 대신에 흰쥐나 생쥐를 주로 사용하고 있어. 그래도 예전에 워낙 실험용으로 많이 쓰였기에, 요즘도 모르모트라고 하면 실험용 동물의 대명사처럼 여겨지지. 심지어 '실험 대상이 된 인간'을 가리키는 뜻으로도 쓰이고 있을 정도야. 실제 새로운 약품이나 치료법을 개발할 때 마지막 단계로 인체를 대상으로 임상실험을 하는데, 여기에 돈 받고 참가하는 걸 '모르모트 아르바이트'라고 하거든.

동물 중에는 인간을 대신하여 위험을 탐지하는 데 사용되는 것도 있었어. 카나리아와 토끼는 유해가스와 산소량에 굉장히 민감해. 그래서 탄광에는 카나리아를 가져갔고, 잠수함에는 토끼를 가져갔다고 해. 카나리아나 토끼가 이상 증세를 보이면 즉시 위로 올라가서 신선한 공기를 마시기 위해서였지. 오늘날도 위험이나 변화를 미리 알려 주는 징후들을 가리켜 '탄광의 카나리아'와 '잠수함의 토끼'라고 해.

인간들은 이 밖에도 동물들을 통해 많은 걸 얻는 것 같아. 조건반사 현상 같은 것도 그 유명한 '파블로프의 개' 실험을 통해 알게 된 거잖아.

　사실 동물실험에 대해서는 찬반 논란이 끊이지 않아. 반대론자들은 동물의 생명과 권리도 보호해야 하며 동물실험은 실효성이 적다는 논리를 펴고 있고, 찬성론자들은 현실적으로 인체 실험을 대체할 수단이 없고 어차피 수많은 동물들이 식용으로 죽임당하고 있지 않느냐는 논리를 내세우고 있지.

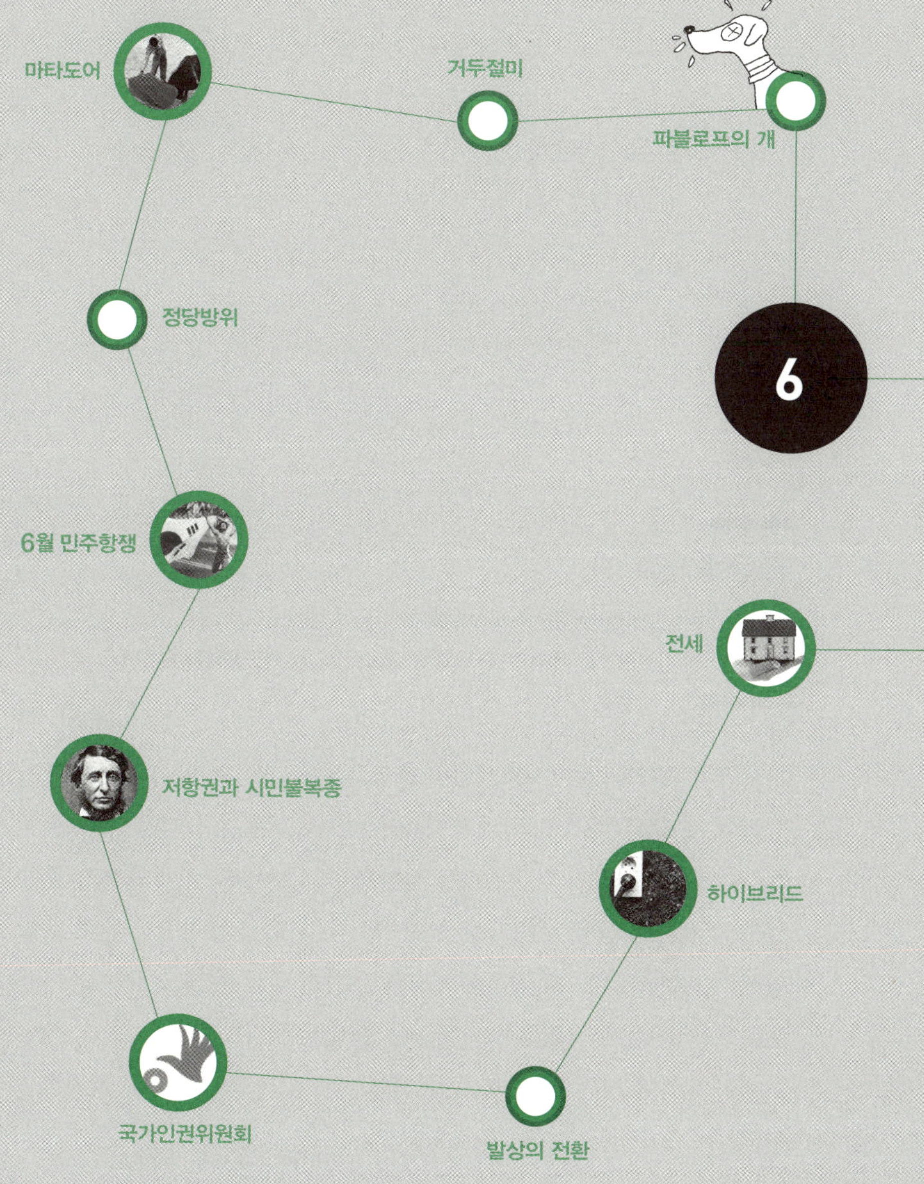

마타도어
거두절미
파블로프의 개
정당방위
6
6월 민주항쟁
전세
저항권과 시민불복종
하이브리드
국가인권위원회
발상의 전환

파블로프의 개

매실이나 레몬을 보면 파블로프의 개처럼 입에 침이 고인다.
군인들은 적군을 만났을 때 조건반사적으로 대응할 수 있도록 훈련을 받는다.

러시아의 과학자 이반 페트로비치 파블로프는 개를 참 많이 괴롭혔던 사람이야. 수많은 개들을 기계장치에 묶어 놓고 온갖 실험을 가해 죽게 했고, 심지어 위액이 나오는지를 관찰하려고 살아 있는 개의 위장에 구멍을 내거나 침샘을 꺼내기도 했지. 물론 그 덕에 조건반사 현상을 발견했고 1904년에 노벨 생리의학상을 수상했지만, 훗날 동물 애호가들로부터 동물 학대의 원조라는 비난을 받아야 했어.

　파블로프의 개는 '조건반사 실험'을 가리키는데, 간단히 설명하면 이래.

개는 원래 먹이를 먹을 때 침을 흘리는데 자세히 관찰해 보니 먹이를 주는 사람의 발자국 소리만 들어도 침을 흘리더란 말이야? 파블로프는 먹이를 줄 때 항상 불빛을 보여 준 다음, 나중에는 먹이 없이 불빛만 보여 줘 봤어. 그랬더니 역시 침을 흘리더라는 거지.

개가 먹을 때 침을 흘리는 것은 본능이자 '무조건 반사(조건 없는 자동적 행동)'야. 하지만 불빛과 먹이가 함께 온다는 것은 학습을 통해 얻은 '조건'인데, 학습이 반복되면 나중에는 불빛이라는 조건만 주어져도 자동적으로 침을 흘리게 된다는 거지.

이걸 토대로 미국의 스키너라는 학자는 스키너 상자 Skinner box 라는 실험을 했어. 스키너 상자 안에는 누르면 먹이가 나오는 지렛대가 있는데, 그 안에 넣은 쥐가 우연히 지렛대를 건드려 먹이(보상)를 얻으면, 그 행동을 반복하면서 학습이 이뤄진다는 거지. 그걸 토대로 스키너는 인간도 동물과 마찬가지로 보상이나 처벌 같은 외부 자극에 따라 어떤 행동

을 할지 결정한다는 행동주의 심리·교육 이론을 내놨어.

하지만 요즘은 스키너의 주장이 한물간 것으로 여겨지고 있어. 행동주의 학파의 후배인 반두라도 인간은 고등 생물이기 때문에 쥐와 달리 스스로의 결정에 따라 학습하기도 하고 학습 효과도 달라진다며 비판했지.

또 노암 촘스키는 어린이가 한 번도 들어 보지 않은 문장들을 만들어 낸다는 점을 근거로, 인간은 유전적으로 학습 능력을 갖고 태어나기에 동물처럼 직접 경험과 보상으로만 학습하는 존재가 아니라며 행동주의를 비판했어.

파블로프는 개 실험이 훗날 100년 넘게 수많은 논쟁을 불러일으키리라고는 생각하지 못했을 거야. 대한민국 정치에서 자신의 개 실험 때문에 논란이 벌어지리라고는 더더욱 생각하지 못했을 거고. 좀 황당하기는 하지만, 사실 '거두절미'하고 개라는 단어에만 초점을 맞추면 싸움이 날 수밖에.

거두절미 去頭截尾

거두절미란 머리를 없애고 꼬리를 자른다는 뜻인데, 머리랑 꼬리를 자르면 뭐가 남겠어? 몸통만 남겠지. 그래서 거두절미는 보통 쓸데없는 말을 하지 않고 본론만을 말한다는 뜻으로 쓰이고 있어.

이때는 '단도직입'과 비슷한 의미야. 단도직입單刀直入은 혼자서 칼을 휘두르며 곧장 돌진한다는 뜻으로, 역시 불필요한 말로 시간을 끌지 않고 바로 본론으로 들어간다는 뜻이야.

그런데 거두절미가 요즘은 조금 다른 의미로 쓰일 때가 있어. 앞뒤 상황을 생각하지 않고 특정 문구만 문제 삼아 꼬투리 잡는 경우에도 거두절미라는 말을 사용해. 사람의 말이나 글은 대화 상황이나 문맥 속에서 이해해야 하는데, 거두절미하고 어떤 구절만 딱 떼어 내서 보면 그 의미가 잘못 전달될 가능성이 높지.

예를 들어 은진이가 삶이 힘들어 고민하는 친구 다빈이를 위로하려고 "모든 걸 너무 심각하게 생각하지 마. 정 힘들면 인생도 네가 평소 즐기는 '1인칭 롤플레잉 게임(RPG)'이라 생각해 봐, 그러면 조금은 마음이 편해지지 않겠어?"라고 했어. 그걸 앞뒤 문장 다 빼고 "은진이는 인생을 게임에 불과하다고 하더라." 이렇게 퍼뜨린다면 졸지에 은진이는 개념 없는 사람이 되겠지?

문제는 그런 현상이 이른바 '지성인'으로 불리는 사람들 사이에서도 종종 일어난다는 점이야. 2005년 9월 MBC 〈100분 토론〉에서, 출연자였던 유시민 국회의원은 상대방인 김문수 국회의원에게 그렇게 종이 땡치면 밥 주는 줄 아는 '파블로프의 개'처럼 말하면 안 된다고 했어. 어떤 뜻에서 그런 말을 했는지는 토론의 문맥을 살펴봐야지. 하지만 그 말으로 인해 정작 토론의 내용보다 상대방에게 '개'라고 막말했다는 점이 사회적 논란으로 떠올랐어. 거두절미하고 보면 상대방을 개로 비유

연관 어휘로 '사족(뱀의 발)'이 있는데, 쓸데없거나 불필요한 것을 가리키는 말.
옛날 어떤 화가가 뱀을 그리고 나서 시간이 남기에 발까지 그렸는데, 쓸데없이 발을 그리는 바람에 사람들로부터 '세상에 뱀의 발이 어디 있느냐'는 욕을 먹었다는 일화에서 유래함. 그러니 말과 글에서 '사족'을 가급적 줄이고 요점만 분명히 하는 것이 좋음.

한 셈 아니냐는 거였지. 이 일로 전북대 강준만 교수는 '정치권 말 싸움에 쥐나 개는 피하자'는 칼럼을 신문에 쓰기도 했지.

특히 요즘은 짧은 문구로 의사전달이 이뤄지는 트위터나 미투데이가 널리 쓰이고 있는 데다, 포털 사이트의 뉴스 제목도 점점 더 자극적인 것이 인기를 끌고 있잖아? 그러니 거두절미하고 특정 문구만 떼어 내서 살짝 꼬아 버리는 경우가 더 늘어날 수 있어.

실제 우리 사회에서는 말을 살짝 바꿔 다른 사람에 대해 나쁜 소문을 내는 일이 흔하게 일어나고 있는데 그런 것을 '마타도어'라고 해.

마타도어_{matador}

근거 없는 이야기를 지어내 상대방을 모함하고 비방하는 것을 마타도어라고 해. 투우사를 뜻하는 스페인어 matador마따도르에서 유래했어. 황소를 빨간 천으로 유인해 칼로 찔러 죽이는 투우사처럼 거짓말로 남을 꼬드겨 결국은 해를 끼친다는 뜻이야.

마타도어는 우리말로는 흑색선전黑色宣傳이라고 하는데, 흑색선전은 원래 적국의 국민이나 군인들을 속여 그들의 지도자를 믿지 못하게 함으로써 사기를 떨어뜨리는 전술을 뜻했어.

남한과 북한이 흑색선전에 흔하게 사용한 것이 뭔지 알아? '삐라'라는 거야. 홍보용 전단지 또는 광고 포스터라는 뜻의 영어 단어 bill이 일본식 발음 때문에 그렇게 변한 거야.

예전에는 휴전선 주변지역뿐 아니라 우리나라 곳곳에서 북한이 만든 삐라를 흔히 볼 수 있었는데, 거기엔 주로 우리 국민과 정부를 이간질하고 김일성, 김정일을 홍보하는 글과 그림들이 담겨 있었지.

반대로 우리나라는 '국군심리전단'이라는 부대를 통해 북한으로 삐라를 살포해 왔어. 북한 주민들에게 김정일 등의 비리를 알려 북한의 실상에 눈뜨게 하려는 목적이었지.

흑색선전은 요즘엔 군대보다 정치나 기업 영역에서 더 많이 쓰이는 경향이 있어. 일부 정치인들이 선거를 할 때 상대 후보의 지지율을 떨어뜨리려고 좋지 않은 소문을 퍼뜨리곤 하지. 미국 대통령 선거 당시, 공화당 후보였던 매케인 측은 '민주당 후보였던 오바마가 테러리스트와 어울려 다녔다'며 거짓 선전을 했어.

이처럼 흑색선전 중에서도 정치 선동꾼이 대중을 선동하기 위해 거짓 소문을 내는 것을 데마고기demagogy, 줄여서 '데마'라고 해. 단순한 소문인 유언비어와 달리 특정한 정치적 목적을 가지고 의도적으로 거짓 소문을 퍼뜨리는 것을 말해.

물론 선거 전략 중에는 원래 자신의 장점을 부각시키는 포지티브긍정적인 전략과 상대방의 단점을 부각시키는 네거티브부정적인 전략이 있기 때문에, 상대방을 공격한다고 해서 무조건 나쁜 것은 아냐. 그러나 공격은 어디까지나 합법적인 범위 내에서 상대방의 잘못이나 정책적 문제점을 조리 있게 지적하는 수준에 그쳐야지, 거짓말이나 폭력을 쓴다면 선거법 위반으로 처벌을 받아야 마땅해. 현실적으로는 합법과 불법의 경계선에 있는 애매모호한 네거티브가 많아서 문제가 되고 있지만.

하여간 2008년 미국 대선 당시 매케인 측의 인신공격과 모함이 도를 넘어섰다고 여긴 오바마 측 역시 흑색선전에 뛰어들었어. 매케인이 비리에 연루된 적이 있다고 주장하며 반격에 나선 것이지. 물론 오바마 쪽에서는 '정당방위'였다고 할 수 있겠지만 원래 정당방위냐 아니냐의 판단은 본인이 하는 게 아니라 법원이 하는 거거든.

정당방위 正當防衛

내가 상대방에게 해를 입혔더라도 그것이 나 자신을 보호하기 위한 최소한의 조치였다면 법적으로 정당하다고 인정받는 경우가 있어. 그걸 정당방위라고 해.

형법 제21조에는 '자기 또는 타인의 법익에 대한 현재의 부당한 침해를 방위하기 위한 행위는 상당한 이유가 있는 때에는 벌하지 아니한다'라는 정당방위 조항이 있지. 따라서 자신뿐 아니라 다른 이가 공격받는 것을 막아 주는 것도 정당방위고, 목숨이나 신체에 대한 위협뿐 아니라 재산이나 저작권이 위협받는 것까지도 방어할 수 있어.

이 법에 의하면 싸움을 하다 경찰서에 끌려가도 정당방위로 인정되면

풀려난다는 건데, 2011년에 경찰청이 정리한 정당방위의 8가지 요건을 통해서 구체적인 내용을 보기로 해.

1. 침해를 방어하기 위한 행위일 것
2. 먼저 도발하지 않았을 것 = 자기가 먼저 시비를 걸어서 공격을 유발한 뒤에 그 사람을 때리는 것은 안 된다는 뜻
3. 자기가 먼저 폭력을 쓰지 않았을 것
4. 침해의 수준보다 폭력의 정도가 중하지 않을 것 = 상대방이 욕을 했는데, 내가 주먹을 휘두르는 것은 안 된다는 뜻
5. 흉기나 위험한 물건을 사용하지 말 것 = 상대방이 주먹으로 때렸는데 내가 칼이나 몽둥이로 때리면 안 된다는 뜻
6. 침해가 저지되거나 종료된 후에는 폭력을 쓰지 않았을 것 = 상대방이 나를 때리다가 멈춘 뒤에 뒤늦게 내가 폭력을 써서는 안 된다는 뜻
7. 상대방의 피해가 자신보다 중하지 않을 것 = 나는 얼굴에 멍만 들었는데 상대는 코뼈가 부러졌다면 안 된다는 뜻
8. 치료에 3주 이상 필요한 상해를 입히지 말 것 = 상대방이 전치 3주 이상 진단이 나오면 안 된다는 뜻

읽어 보니 소감이 어때?

위험에 처한 상황에서 내가 상대보다 폭력을 적게 쓰는지, 나보다 상대의 피해가 큰지 적은지, 이 정도 방어면 전치 3주가 넘을지 안 넘을지 판단하기가 쉬울까?

그래서 우리나라에서는 외국에 비해 정당방위를 인정받기가 쉽지 않아. 두 사람이 싸우면 둘 다 잘못이라는 식으로 처벌받는 경우가 많지. 학교에서 싸우다 걸리면 선생님한테 둘 다 혼나는 것처럼 말이야. 그러다 보니 지하철이나 공공장소에서 행패 부리는 건달을 봐도 사람들이 모른 척하는 부작용이 생겨나고 있어. 괜히 끼어들었다가 자기도 처벌받을 수 있기 때문이지.

그래서 정당방위로 인정받을 수 있는 요건을 좀 더 넓히자는 주장도 나오는데, 반대로 악질적인 사람이 정당방위를 핑계로 순진한 사람을 공격한 뒤 무죄로 풀려나는 경우도 있을 수 있기 때문에 정당방위를 어느 정도까지 인정할 것인가는 쉽지 않은 문제야.

정당방위와 관련해서 또 하나 문제되는 논점이 있어. 민간인이 아니라 정부나 공공 기관의 공무원이 나의 권리를 침해할 경우에도 정당방위가 인정될 수 있는가 하는 점이야. 물론 경찰이라 해도 법에 따른 절차를 어기고 국민을 체포한 경우, 그에 대해 저항한 것은 정당방위라는 법원의 판결이 있기는 해.

하지만 국가권력이 껍데기뿐인 법률 조항을 내세워 국민의 권리를 침해한다면, 정당방위 조항 가지고는 해결할 수가 없지. 그런 경우 정말 최후의 수단으로 국민적 저항을 할 수 있는데, 1987년 6월에 있었던 민주항쟁이 바로 그런 경우였어.

6월 민주항쟁六月民主抗爭

정부는 친일파 청산 노력, 4·19 혁명, 5·16 군사 정변, 5·18 민주화 운동, 6월 민주항쟁 등 주요 역사적 사건들이 역사 교과서에 반드시 포함되어야 한다고 밝혔다.
오늘날의 헌법은 6월 항쟁의 성과라고 할 수 있다.

6월 민주항쟁은 6월 항쟁 또는 6·10 민주항쟁이라고도 하는데, 1987년 6월 10일에 시작된 전국적인 민주화 운동을 가리키는 말이야. 6월 항쟁으로 인해 수십 년간 이어져 온 군사독재 정권이 결국 무너졌고, 우리나라 헌법도 현재의 모습을 갖출 수 있었지.

1987년 당시 우리나라는 국군 보안사령관 출신 전두환 대통령이 무자비한 군사독재 정권을 이끌고 있었어. 뜻있는 대학생들과 국민들의 민주화 요구가 끊이지 않았지. 그러다 그해 1월 14일, 민주화 운동을 하던 대학생 박종철 군이 경찰서에 끌려가 물고문을 받다 숨지는 사건이 발생했어. 당시 경찰은 사건을 축소하고 은폐하는 데 급급했고, "탁 치니 억 하고 죽었다"는 말도 안 되는 변명을 했지.

하지만 부검을 담당했던 의사가 물고문 가능성을 제기하면서 수많은 국민들이 분노했고 민주화에 대한 요구는 더욱 거세졌어. 그처럼 상황이 불리해지자 전두환 정권은 그해 4월 13일 호헌조치를 발표하고, 야당인 통일민주당을 탄압해 입을 막으려 했어.

> **호헌조치**
> 전두환 정권이 헌법을 개정하여 민주적인 정부를 만들자는 국민의 요구를 거부하고, 일체의 헌법 개정 논의를 중단시킨 조치.

그러나 천주교 정의구현 전국사제단에 의해 박종철 군 고문치사 사건을 정부가 은폐했음이 밝혀지면서, 민주화 시위는 전국 각지에서 들불처럼 번져 갔어. 그 시기에 기폭제가 된 사건이 발생했지. 6월 9일, 민주화 시위를 하던 대학생 이한열 군이 경찰의 최루탄에 머리를 다쳐 피 흘리며 죽어 가는 사진이 언론에 실린 거야. 국민의 분노는 폭발하고 말았어.

6월 10일, 전국 18개 도시에서 동시다발적으로 민주헌법쟁취 국민운동본부가 주최하는 대규모 집회와 시위가 시작되었고, 약 20일간 남녀노소를 불문하고 전국적으로 500여만 명이 동참해 전두환 정권 타도와 민주적 헌법 개정을 부르짖었어.

전두환 정권은 더 이상 버틸 수 없는 상황에 이르렀고, 결국 6월 29일 민정당 대통령 후보였던 노태우가 '6.29 선언'을 발표하면서 6월 항쟁은 성공적으로 마무리되었지.

헌법을 개정하여 대통령 선거를 직선제로 바꾸고, 차기 대통령에게 평화적으로 정권을 넘기며, 김대중 전 의원을 사면한다는 것이 6.29 선언의 내용이었어.

이후 여야 합의를 통해 헌법이 개정되었고, 전 국민의 투표로 대통령을 선출하는 오늘날의 정부 형태를 갖추게 되었지. 법률 자체가 국민의 권리를 침해할 경우를 대비한 헌법재판소 제도 역시 오늘날의 형태를 갖추게 되었고. 그래서 현재의 헌법 제도와 정치 체제를 이른바 '87년 체제'라고 해. 6월 항쟁을 기준으로 과거의 대한민국과 현재의 대한민국이 나뉘는 셈이지.

오늘날 6월 항쟁의 성과에 대한 평가는 사람마다 달라. 하지만 오로지 국민 스스로의 힘으로 군사독재 권력을 몰아냈다는 점에서, 6월 항쟁은 아시아에서 보기 드문 '저항권'의 성공 사례라고 할 수 있지.

저항권抵抗權과 시민불복종市民不服從

국민의 기본권을 보장하기 위한 최후의 수단으로 저항권을 행사할 수 있다.
지금도 세계 곳곳의 독재국가에서는 뜻있는 이들의 시민불복종 운동이 일어나고 있다.

저항권과 시민불복종은 '국가권력의 부당한 행위에 대한 국민의 저항'이라는 공통점 때문에 쌍둥이처럼 붙어 다니는 경우가 많지만, 그 배경과 내용 측면에서 보면 전혀 다른 개념이야.

먼저 저항권right of resistance이란 국가권력이 헌법을 무시하고 국민의 기본권을 심각하게 짓밟는 상황에서 최후의 수단으로 물리적 저항을 할 수 있는 권리를 말해.

중국의 맹자가 '역성혁명론'을, 종교개혁 당시 유럽 신교도들이 '폭군방벌론'을 주장했지만 근대적인 저항권은 영국의 존 로크가 확립했고 이후 미국 독립전쟁과 프랑스혁명에 큰 영향을 끼쳤지.

저항권의 특징으로는 기존 정부와 법 제도를 부정하고 최후 수단으로 물리적 폭력을 쓴다는 점, 성공한 후에야 인정받는다는 점을 들 수 있어.

실제로 미국 독립전쟁이나 프랑스혁명 당시 저항권을 행사했던 시민들은 기존 정부의 군대와 전투를 벌여 살인과 파괴 행위를 했지만 정당한 권리 행사로 인정받았단 말이지. 하지만 그들이 혁명에 실패했더라면 어떻게 됐을까? 아마 반란군이나 범죄자로 여겨져 엄중한 처벌을 받았을 거야. 혁명에 성공했느냐 아니냐가 저항권을 인정받기 위한 요건인 거지.

6월 항쟁 당시 수많은 국민들이 경찰과 물리적 충돌을 빚었다는 이유로 체포되었지만, 막상 6월 항쟁이 성공한 후에는 감옥에서 풀려나고 민주화 유공자로 인정받았음을 생각해 보면 저항권의 특징을 이해할 수 있겠지?

반면, 시민불복종은 저항권보다 좀 더 온건한 편이지. 미국의 존 롤스는 『정의론』을 통해 '특정한 정책을 바꾸려는 목적으로 행하는, 공공적·비폭력적·양심적이지만 법에 어긋나는 정치적 행위'가 시민불복종이라고 정의했어. 정부를 뒤엎으려는 것이 아니라 잘못된 정책이나 법을 바꾸려는 것이고, 비폭력이라는 점에서 저항권과 차이가 있어.

시민불복종은 원래 미국의 헨리 데이비드 소로가 『시민의 불복종』이라는 책에서 처음 주장한 개념인데, 그는 1846년 노예제도와 멕시코 전쟁에 반대하여 세금 납부를 거부하다가 감옥에 갇힌 것을 계기로 이 개념에 대해 생각하게 됐어. 이후 소로의 생각에 감명 받은 인도의 간디는 비폭력 불복종이라는 새로운 저항운동을 시작하여 인도의 독립을 이뤄냈고, 미국에서는 마틴 루터 킹 목사의 흑인 인권운동으로 이어져 마침내 흑인 대통령을 배출하기에 이르렀어.

현대 민주국가에서는 저항권과 시민불복종의 개념을 인정하긴 하지만, 현실적으로는 어떤 행위가 그것들에 해당하는지 쉽게 판정 내리지 못하고 있어. 그런 권리를 폭넓게 인정해 주면 소수의 불만 세력이 온 나라를 어지럽힐 수도 있다는 우려 때문이지.

일례로 군대에서 동성애를 금지하는 것을 반대하던 한 동성애자가 시민불복종으로 병역거부를 하다가 감옥에 간 일이 있었어. 이후 '국가인권위원회'는 국방부에 동성애자를 차별하지 말라고 권고했지. 그러자 발끈한 보수 성향 단체 회원들이 국가인권위 사무실을 불법 점거하고, 만약 국방부가 동성애를 허용하면 시민불복종으로 병역거부 하겠다고 밝혔어. 이처럼 대립하는 양측이 서로 시민불복종을 주장할 경우 어떻게 해야 할까? 곰곰이 생각해 볼 문제야.

국가인권위원회 國家人權委員會

군대에서 억울하게 인권 침해를 받은 경우 국가인권위원회에 도움을 요청할 수 있다.
국가인권위원회는 초등학생의 집회와 시위의 자유를 인정해야 한다고 권고했다.

국가인권위원회는 우리 국민의 인권을 보호하고 향상시키기 위해 생겨난 인권 전담 기관이야. 물론 인권을 보호하는 것은 국회나 정부나 법원 모두 당연히 해야 하는 일이지만, 오로지 인권만 전담으로 하는 기관은 국가인권위원회가 유일하지.

1946년 UN은 국제인권법을 각 나라마다 적용할 수 있도록 세계 각국에 특별 인권기구를 설치할 것을 권고했어. 서구 선진국과 국제 인권 단체를 중심으로 우리나라에도 인권기구를 설치하라는 권고가 수십 년간 계속되었지. 그러다 1997년 대통령 선거에서 김대중 후보가 대선 공약으로 '인권법 제정 및 국민인권위원회 설립' 계획을 발표했고, 이후 2001년 11월 25일 국가인권위원회가 출범했지.

국가인권위원회는 입법부, 행정부, 사법부 중 어디에도 속하지 않고 대통령 직속으로 움직이는 독립적인 국가기관이야. 총 11명의 위원들은 국회가 4명, 대통령이 4명, 대법원장이 3명을 지정해서 임명하게 되지. 가장 핵심적인 업무는 각종 인권침해 사례에 대해 상담하고 조사하는 것과, 그 결과를 토대로 정부나 기업이나 단체에 인권 개선 권고를 하는 거야. 다만 강제력이 없다 보니 해당 기관이 말을 듣지 않는 경우가 많아서 한계는 있어.

국가인권위원회가 권고한 주요 사례들을 살펴볼까?

2002년에는 피부색에 따른 인종차별 우려가 있다는 이유로 크레파스나 물감에서 '살색'이란 말을 다른 말로 바꾸라고 한국기술표준원에 권고한 적이 있어. 그래서 요즘은 살구색이라는 말을 대신 쓰고 있지.

2003년에는 미국 주도의 이라크 전쟁에 반대했고, 이라크 파병에 신중해야 한다는 의견서를 정부와 국회에 보내서 논란이 일기도 했고, 2005년에는 사형제도를 완전히 폐지해야 한다는 의견을 국회에 보내기도 했어. 이에 종교계와 시민단체들은 환영 입장을 밝혔지만, 정부는 인권위가 월권을 한다며 불만을 표시하기도 했지.

인권위가 권고한 사안 중에는 십대들의 생활에 관련된 것도 여러 가지 있는데, 2005년에는 초등학생 일기장 검사가 초등학생들의 사생활과 양심의 자유를 침해한다며 제도 개선 의견을 정부에 보냈어.

2010년에는 학교에서 성적에 따라 우열반을 편성하는 것이 인권침해라 했고, 초등학생들에게도 집회와 시위의 자유가 있으니 피켓 시위를 막지 말라고 권고했으며, 2011년에는 학교에서 점심시간에 휴대전화 통화를 금지하지 말라고 권고했지.

민간 기업에 대해서는 '카카오톡'이 사용자의 개인신상 정보를 과도하게 수집하고 플러스친구를 통해 광고함으로써 인권을 침해했다며 정부에 조사를 촉구한 적이 있어.

살펴보니 어때? 하나같이 찬반 논란이 일기 딱 좋은 것들이란 느낌이 들지 않아? 그래서 국가인권위원회는 중요한 결정을 할 때마다 무책임하고 비현실적이란 비난을 듣기도 하고, '발상의 전환'을 통해 우리 사회의 인권의식을 한 단계 높였다는 칭찬을 듣기도 하지.

발상의 전환(콜럼버스의 달걀)

일이 잘 풀리지 않을 때 발상의 전환을 통해 문제를 쉽게 해결할 수도 있다.
그 회사가 야심차게 만든 제품은 콜럼버스의 달걀처럼 참신한 것이었다.

콜럼버스가 역사상 처음으로 신대륙을 발견하고 돌아왔을 때 이를 축하하기 위해 성대한 파티가 열렸어. 그런데 콜럼버스를 시기한 어떤 사람이 콜럼버스의 업적을 깎아 내렸어. 누구든지 배를 타고 서쪽으로 계속 가면 당연히 육지를 발견할 수 있다는 것이 그의 논리였지.

콜럼버스는 식탁 위에 있던 달걀을 가리키며 그걸 세워 보라고 했어. 몇몇 사람이 달걀을 세우려 했지만 실패했지. 콜럼버스는 달걀 끝을 조금 깬 뒤 테이블 위에 세웠어. 그리고는 다른 사람이 한 것을 따라 할 수는 있지만 그것을 처음으로 생각해 내는 것은 아무나 할 수 없다고

달걀은 균형만 잘 맞추면 세워짐. 중국이나 미국에서 달걀 세우기 대회가 간간이 열리고 있고, 미국의 브라이언 스파츠라는 사람은 26시간 동안 900개의 달걀을 세웠으며, 빨리 세우기로는 1분 32초에 12개를 세워 기네스북에 올라 있음.

말했어.

이것이 그 유명한 '콜럼버스의 달걀' 일화이자, 발상의 전환을 가장 잘 보여 주는 예라고 할 수 있어.

발상의 전환이란 생각의 틀을 근본적으로 바꿔서 새로운 관점으로 생각하고 판단하는 것을 말해.

오늘날 창의적인 개인이나 기업들은 끊임없이 발상의 전환을 통해 새로운 영역을 개척해 나가고 있는데, 석유 자원이 부족해 연료 값이 치솟자 그에 맞춰 등장한 '하이브리드' 자동차가 좋은 예라 할 수 있지.

하이브리드 hybrid

요즘 자동차나 카메라 광고에 간간이 하이브리드라는 말이 나오는데, 들어 봤지?

하이브리드란 원래 식물을 재배할 때 서로 다른 종자를 교배시켜 얻은 새로운 종자를 가리키는 말이었어. 이종 교배 또는 혼성, 혼합, 혼혈이라는 뜻을 갖고 있지.

하지만 요즘 들어서는 동물, 식물을 넘어서 좀 더 넓은 의미로 더 자주 쓰이지. 서로 다른 두 개 이상의 것을 결합해서 새롭고 더 뛰어난 것을 만드는 경우를 가리킬 때 이 말을 사용해. 백남준의 비디오 아트라든지, 발레와 오페라와 영상을 합친 공연들 역시 문화·예술에서의 하이브리드라고 할 수 있어.

앞으로는 사회 모든 영역에 하이브리드가 더 널리 퍼질 거야. 세계적인 디자인 전문대학인 미국 로드아일랜드 디자인스쿨RISD의 존 마에다 총장은 "뛰어난 과학자는 예술가로서의 소양을 갖고 있고, 뛰어난 예술가도 과학자의 소양을 가지고 있는데, 이 같은 하이브리드형 인간이야말로 새로운 시대의 인재상이 될 것"이라고 얘기했어. 즉 한 분야만 잘하는 것이 아니라 예술, 과학, 음악 등 다양한 분야에서 재능을 발휘한 레오나르도 다빈치 같은 사람이 미래형 인재라는 뜻이지.

지금 여러분이 읽고 있는 이 책도 하이브리드 성격을 지녔다고 할 수 있지. 자연과학, 정치, 경제, 문화, 철학, 예술, 시사상식 등 다양한 분야의 개념들을 한데 모아 설명하고 나아가 사고의 폭을 키울 수 있도록 했으니까.

하이브리드는 신제품을 탄생시키기도 했어. 석유를 연료로 쓰는 일반 자동차와 전기차의 장점을 살린 하이브리드 자동차, DSLR 카메라와 일반 디카의 장점을 가진 하이브리드 카메라 등이 대표적인 상품이지.

그 외에 '전세' 제도 역시 우리나라에만 있는 독특한 하이브리드 경제 제도라고 할 수 있어.

전세傳貰

전세란 집을 빌릴 때 사용료를 주는 대신 한꺼번에 큰돈을 맡겨 두었다 되찾아 가는 계약 방식인데, 세계에서 유일하게 우리나라에만 있는 제도야. 일제강점기에 처음 등장했고 8·15 광복 전까지는 주로 서울 지역에만 있었는데, 지금은 전국적으로 이용되고 있어. 다른 나라에서는 전세를 찾아볼 수 없고, 매달 사용료를 주는 월세 계약 방식이 대부분이지.

인터넷 부동산 중개 사이트나 생활정보지를 보면 월세나 전세 광고를 흔히 볼 수 있을 거야. 보증금 얼마에 월 얼마라는 형태가 월세고, 전세는 그냥 보증금 얼마라고만 되어 있어.

그런데 월세는 매달 사용료가 있으니 임대인(집주인)이 이득을 볼 수 있지만, 전세는 임차인(세입자)이 뭉칫돈을 맡겨 두었다가 계약 기간이 끝나면 되찾아 나오는 것인데 임대인은 어떻게 이득을 볼 수 있을까?

그 답은 이자에 있어. 요즘 전세금은 천만 원 단위를 넘어서 억 단위인데, 그렇게 큰돈을 금융회사에 맡기면 꽤 짭짤한 이자를 받을 수 있거든. 그걸로 월세를 대신하는 거지.

그와는 반대로 이자를 줄이기 위해서 전세를 이용하는 경우도 있어. 즉 임대인이 돈이 필요해. 그런데 금융회사에서 돈을 빌리면 이자가 만만치 않거든? 그럴 때 임차인에게 전세를 주고 전세금을 받아서 필요한 데 쓰면 금융회사에서 돈을 빌릴 때 내야 하는 이자를 아끼는 셈이지.

실제로 금융업이 발달하기 전까지는 전세가 사실상 서민들의 금융제도 역할을 했기 때문에, 엄밀히 말하자면 전세는 부동산을 빌려 주는 것과 목돈을 빌려 주는 것이 혼합된 하이브리드 계약이라고 할 수 있어.

전세 계약은 기본적으로 금융회사에 뭉칫돈을 맡겼을 때 충분한 이자가 나와야 유지될 수 있어. 그런데 요즘 우리나라는 금융회사에서 주는 예금 이자율이 낮아져서 전세금을 맡겨 봐야 이자 수익이 별로 생기지 않아. 그러다 보니 두 가지 현상이 뒤따르고 있어.

우선 임대인들이 전세를 주지 않고 월세로 돌리거나 전세금을 올려 받고 있어. 둘째로 임차인들은 경제 불황이 길어지면서 집값이 떨어지자 전세로 머물며 집값이 더 떨어지기만을 기다리고 있어.

그러니 전세 공급은 줄어드는 반면 전세 수요는 급증해서 매년 전세금이 천정부지로 오르고 있지.

물론 임차인의 권리를 보호하기 위한 주택 임대차 보호법과 상가 임대차 보호법이 있어서, 한번 계약하면 2년간은 전세금 인상 없이 안심하고 살 수 있어. 하지만 2년의 보호기간이 끝나고 나면 무섭게 오르는 전세금을 감당하기 어려운 것이 서민들의 현실이지. 그래서 이사철에 뉴스를 보면 '서민 울리는 전세난', '전세대란' 같은 얘기를 자주 들을 수 있어.

요즘의 전세난은 여러 가지 상황들이 복잡하게 꼬여서 나타난 것이기 때문에 단칼에 해결할 만한 묘수를 쉽게 찾기 어려워. 그러나 뭔가 우리 경제에 '출구전략'을 내놓아야만 하지. 그렇지 못하면 그 피해는 고스란히 서민들에게 돌아갈 수밖에 없으니.

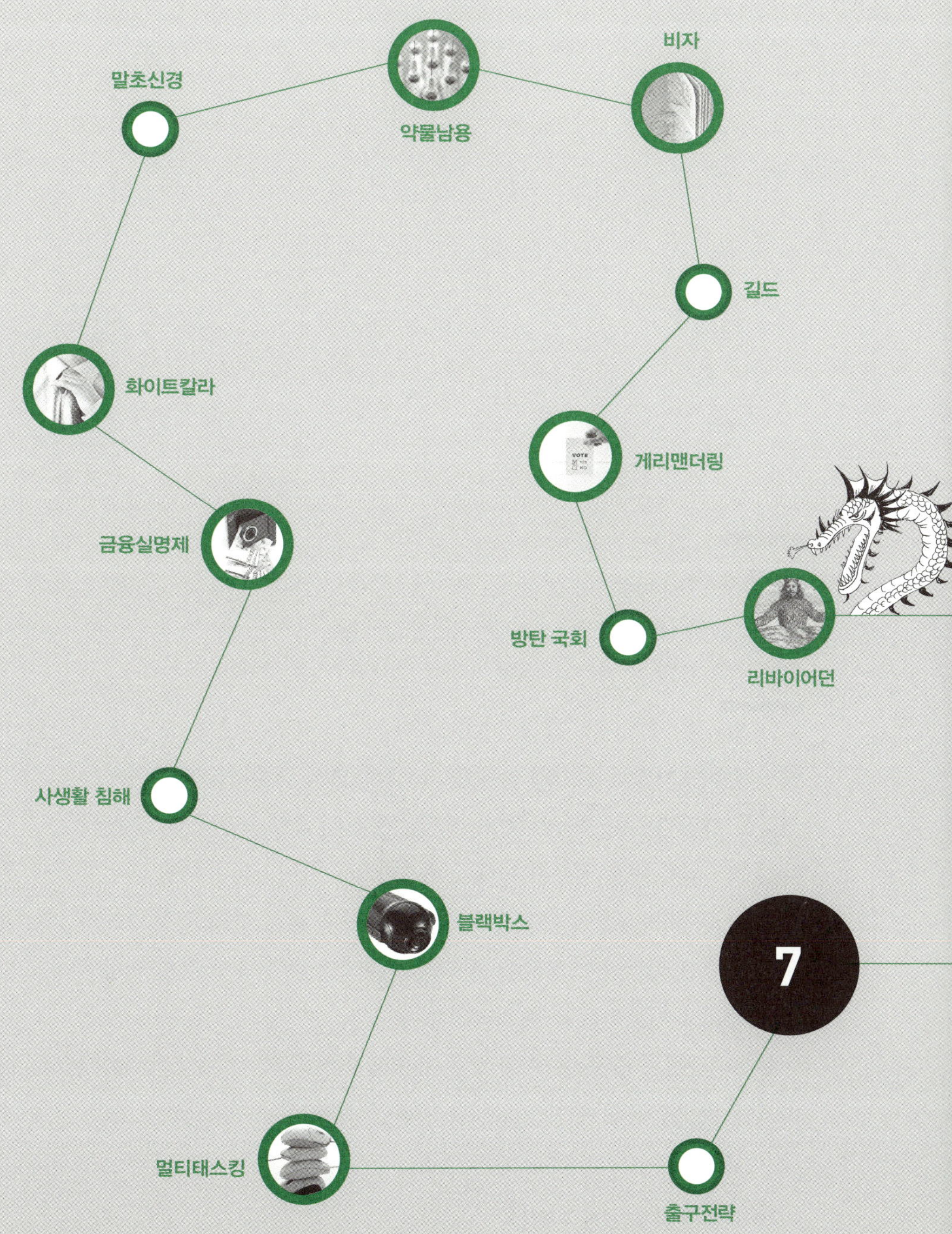
말초신경
약물남용
비자
길드
화이트칼라
게리맨더링
금융실명제
방탄 국회
리바이어던
사생활 침해
블랙박스
7
멀티태스킹
출구전략

정부는 물가가 너무 많이 오르자 출구전략을 고민하고 있다.
꼼짝달싹할 수 없이 꼬여 버린 상황을 벗어나기 위한 출구전략이 필요할 때다.

출구전략은 인명과 장비의 피해를 최소화하면서 전쟁터를 빠져나가는 전략을 가리키던 군사용어였어. 베트남전쟁 때 오랫동안 승산 없는 싸움이 계속되자 미국 정부가 피해를 최소한으로 줄이면서 군대를 철수할 방안을 고민하는 중에 나온 용어라고 해. 이후 위기 상황을 극복하기 위해 행했던 과감한 조치들을, 부작용이나 후유증이 나지 않게끔 하면서 원래대로 되돌리는 것을 가리키게 됐지.

우리나라에서 출구전략이란 말이 유명해진 것은 지난 수년 간 지속된 미국발 세계 금융위기가 큰 고비를 넘기면서부터야. (일단 급박한 고비는

넘겼지만 위험이 완전히 사라진 건 아니야.) 서구 선진국에 비해서는 금융위기로 인한 충격을 덜 받은 편이지만, 우리나라도 그 고비를 넘기기 위해 굉장히 파격적인 조치들을 많이 취했어.

한국은행은 금리를 확 낮춰서 시중에 돈이 많이 돌게 했고, 정부도 대규모 건설 사업을 벌여서 민간 사업자들에게 돈을 많이 풀었어. 또 환율을 낮춰서 대기업들을 중심으로 수출이 늘어났지. 하지만 대신 석유, 식품, 원재료 등 수입 물품의 가격이 비싸졌어. 그러다 보니 결국 물가가 엄청나게 올라서 서민들의 생활에 큰 부담이 되고 있어. 정부가 물가를 잡기 위해 출구전략을 조금씩 써야 하는 상황에 이르렀지.

경제적 출구전략의 가장 대표적인 정책은 이자율을 인상하는 거야. 한국은행이 이자율을 올리면, 시중 은행들도 덩달아 이자율을 올리게 될 것이고, 그러면 사람들이 은행에 예금을 맡길 때 더 많은 이자 수익을 얻을 수 있게 되기 때문에 너도나도 여윳돈을 은행에 맡기게 될 거란 말이야? 그럼 아무래도 사람들이 돈을 덜 쓰게 될 테니 상인들도 물건 팔기가 힘들어져 물건 값을 되도록 싸게 매길 테고, 결국 물가는 안정되고 집주인들에게도 월세보다 전세가 유리해지면서 전세 공급이 늘어나 전세금 상승도 진정될 수 있겠지. (사실 어디까지나 이론적인 얘기야. 복잡한 현실에선 장담할 수 없어.)

정부가 벌이는 대규모 사업을 축소하는 것도 출구전략의 한 방법이야. 아무리 위기를 극복하기 위해서라지만 나라가 빚을 내서까지 사업을 벌이다 보면 국가 재정이 부실해져서 더 큰 문제가 되거든.

마지막으로, 환율을 인위적으로 낮추는 것을 중단할 수도 있어. 그러면 수입품 가격이 싸지기 때문에 물가를 낮추는 데 효과적이지.

하지만 출구전략을 성급하게 추진하다가는 기껏 살려 놓은 경제 상황이 다시 급속도로 악화될 우려가 있어. 이자율을 급히 올리면 예금 이자도 늘지만 대출 이자도 늘잖아. 대출 이자가 늘어나면 기업 투자가 줄고 개인들도 대출 이자 갚느라 소비가 줄어들 거야. 또한 정부 사업이 줄면 일자리가 줄어 실업자가 늘 것이고, 환율을 낮추면 수출 기업이 어려워질 거야. 따라서 일시적으로 회복되었던 경기가 다시 불황에 빠지는 더블 딥 double dip : W자형 경기 불황 현상이 발생할 수도 있단 말이지.

출구전략이 성공하려면 정부건 기업이건 개인이건 간에 전쟁터에서 철수할 때처럼 적군(위험요소와 부작용)은 막으면서도, 동시에 아군(위기 극복을 위한 조치들)은 차근차근 뒤로 물릴 줄 알아야 해. '멀티태스킹'을 잘 해야 하는 거지.

멀티태스킹 multi tasking

바쁜 현대인들은 동시에 두어 가지 일을 하는 멀티태스킹을 할 때가 많다.
요즘 스마트폰은 대부분 멀티태스킹을 무리 없이 해낼 수 있는 성능을 갖추고 있다.

멀티태스킹이란 한 대의 컴퓨터로 2가지 이상의 작업이나 프로그램을 동시에 처리하는 것을 말해. 태스킹이란 '임무를 수행하다'라는 뜻이고, 멀티란 '2개 이상', '다중적'이라는 뜻을 가지고 있어.

멀티태스킹 경험은 누구나 한 번쯤은 다 있을 거야. 공부할 때 눈으로는 책을 보면서 귀로는 음악 듣고 입으로는 과자 먹는 걸 안 해 본 사람은 거의 없을걸? 동시에 3가지 이상의 일을 한다면 멀티태스킹이라 하기에 충분하지.

멀티태스킹은 원래 컴퓨터 용어였기 때문에 지금도 IT제품과 관련해서 많이 쓰이고 있어. 1900년대 중반에 등장한 초창기 컴퓨터들은 용량도 부족하고 속도도 느렸기 때문에 멀티태스킹이 불가능했어. 바이러스 치료와 문서 작업을 동시에 하지 못하고 한 번에 한 가지만 할 수 있었지. 컴퓨터 하드웨어가 발달한 뒤에야 가정용 PC들도 멀티태스킹이 가능해졌어.

스마트폰도 마찬가지인데, 초창기의 스마트폰은 성능이 부족해서 멀티태스킹을 할 수 없었어. 아이폰조차 2009년까지의 제품에서는 음악 재생 외의 멀티태스킹이 불가능했고, 2010년에 들어서야 멀티태스킹이 겨우 가능해졌지. 스티브 잡스는 아이폰에서 멀티태스킹이 늦어진 이유에 대해, 무턱대고 멀티태스킹을 허용하면 배터리를 많이 쓰고 앱 실행 속도를 떨어뜨리기 때문에 그걸 방지하는 기술을 보완하느라 늦어졌다고 밝혔지.

멀티태스킹에 관한 스티브 잡스의 발언은 시사하는 바가 커. 즉 능력에 한계가 있는 상황에서 한 번에 두세 가지 일을 하면 오히려 이도저도 안 되는 결과만 가져올 수 있다는 점이야. 그렇게 보면 공부하고 독서할 때는 그것만 집중해서 하는 게 아무래도 효과적이겠지?

그런데도 멀티태스킹을 해야 하는 상황이 올 수 있는데, 그러려면 역량을 키워야 해. 요즘 어른들은 공부와 업무와 집안일까지 병행하는 경우가 꽤 있는데, 그걸 다 제대로 하려면 효율적으로 일하고 시간 관리도 잘할 수 있어야겠지.

하여간 이제는 거의 모든 스마트폰에 멀티태스킹 기능이 생겼기 때문에 그걸 이용한 다양한 앱들이 나오고 있어. 그중에서 산업용으로 큰 주목을 받고 있는 것은 스마트폰을 이용한 내비게이션과 '블랙박스' 앱이야.

블랙박스 black box

블랙박스란 비행기에 장착되어 있는 자동 기록 장치를 가리키는 말이야. 비행기 추락 사고는 일단 일어나면 피해 규모가 큰 데다 비행기 자체가 산산조각 나는 경우가 많기 때문에 추락 원인을 알기 어려운 경우가 많아. 추락 원인을 정확히 알아야 책임 소재도 따질 수 있고 그런 문제를 사전에 예방할 수 있기 때문에 블랙박스가 태어난 거야.

1953년 세계 최초의 제트 여객기인 코멧comet이 알 수 없는 이유로 추락하는 사고가 잇달았어. 호주의 과학자 데이비드 워런은 사고의 원인을 정밀하게 조사하려면 비행기의 운항 기록을 확보해야 한다는 생각을 하게 되었지. 그래서 1956년에 비행 기록 장치를 최초로 만들었는데, 그것은 비행기의 고도나 속도를 자동으로 기록하는 장치였어. 블랙박스의 시조라고 할 수 있지.

이후 조종사들의 실수 여부도 사고 원인 분석에 중요하다는 것이 밝혀지면서 조종사들의 대화나 관제탑과의 교신 내용까지 자동으로 기록하는 장치들이 추가되었고, 결국 오늘날의 블랙박스가 탄생했어.

블랙박스는 비행기 추락 시 발생하는 강한 충격과 폭발에도 견딜 수 있도록 설계되었기 때문에 비행기가 산산조각 난 경우에도 대부분 멀쩡해. 또 바다에 추락하거나 깊은 산 속에 추락하는 경우를 대비해서 자동으로 전파 신호를 보내게 되어 있는데, 그걸 따라가면 비행기가 추락한 정확한 위치까지 알 수 있게 되지.

오늘날 블랙박스는 점차 범위가 확장되어서 자동차에까지 널리 장착되고 있어. 차량 앞뒤로 카메라를 달아서 사고가 났을 때 어느 차의 잘못인지를 판단하는 자료로 쓰는 경우가 늘고 있지. 또 버스와 택시 내부에는 보통 작은 카메라가 달려 있어서 차 안에서 벌어지는 일을 고스란히 기록하게 되는데, 특히 택시에는 카메라뿐 아니라 녹음기까지 달려 있는 경우도 많아. 기사와 손님 간에 다툼이 일어났을 때 판단하는 중요한 자료가 되지.

요즘은 스마트폰에도 차량용 블랙박스 앱이 쏟아져 나오면서, 운전석 옆에 둔 스마트폰이 위치 추적뿐 아니라 차량 내부를 영상으로 기록해 두는 경우가 늘고 있어.

그런데 문제는 손님들이 모르는 사이에 블랙박스 영상이 촬영되고 활용되면서 개인의 '사생활이 침해'되고 있다는 점이야. 실제로 택시 승객들을 몰래 촬영한 블랙박스 동영상들이 인터넷에 떠다니는 바람에 그 문제점이 지적되기도 했지.

2011년 9월 30일 이후 개인정보 보호법이 시행되면서, 정부는 택시 내의 블랙박스에서 대화 녹음 기능 사용과 동영상 공개를 금지시켰고, 카메라 촬영 사실을 알리는 안내판을 반드시 부착하도록 단속하고 있어.

사생활 침해 私生活 侵害

사생활 침해란 개인의 사사로운 생활이 어떤 방법으로든 다른 이에 의해 간섭받거나, 여러 가지 신상정보가 다른 이에게 활용되거나 공개되는 것을 가리키는 말이야. 물론 개인이 허락한 경우라면 사생활 침해가 아니지.

사생활 침해의 사례로 어떤 것들이 있을까?

우선 사생활이 간섭받는 경우가 있어. 1970년대 독재정권 아래서 경찰은 남자들의 장발과 여자들의 미니스커트를 단속했었어. 패션은 개인의 자유인데, 그걸 단속하는 것은 개인의 사생활을 부당하게 간섭하는 행위라 할 수 있어. 또 남의 집 화장실을 훔쳐보는 것이나 치마 속을 몰래 카메라로 촬영하는 것도 사생활을 부당하게 간섭하는 행위니 반드시 법에 따라 처벌받아야 해.

다음으로 여러 가지 신상정보가 다른 이들에게 활용되거나 공개되는 경우도 있겠지. 예를 들어 다른 사람의 이메일 아이디와 비밀번호를 알아내서 그가 주고받은 메일 내용을 모조리 훔쳐보는 건 사생활을 침해하는 해킹 행위로서 법에 따라 처벌받게 되어 있어.

또 탈의실이나 화장실에서 몰래 카메라로 촬영하는 행위 자체도 불법이지만, 그 사진을 인터넷에 올리거나 다른 사람에게 보여 주는 것 역시 사생활 침해로 처벌을 받게 돼.

우리나라 헌법 제17조에는 '모든 국민은 사생활의 비밀과 자유를 침해받지 아니한다'라고 규정되어 있고, 그에 따라 '개인정보 보호법'이 있어서 모든 국민의 사사로운 생활과 개인 신상 정보를 보호하고 있지.

문제는 국가가 헌법과 법률을 통해 개인정보 보호에 나서고 있는데도, 개인의 사생활 침해 우려는 날이 갈수록 늘고 있다는 점이야. 과학기술 발달로 동영상 촬영 장비가 소형화되고 저렴해지면서, 크고 작은 CCTV들이 너무 많이 보급되어 버렸기 때문이지. 현재 우리나라에 설치된 방범용 CCTV는 3만 5천 대이고, 기업 등 민간에서 설치한 CCTV도 250만 대가 넘는다고 해. 수도권 거주자들은 하루 평균 83번이나 CCTV에 찍힌다는 국가인권위원회의 조사 결과가 나왔을 정도야. CCTV로 인한 사생활 침해 신고도 하루 평균 3건 이상 발생한다지.

최근 들어서는 얼굴 인식 기술도 급격히 발전하고 있기 때문에 만약 CCTV에 그 기술이 결합된다면 온 국민의 일거수일투족이 감시받는 것도 더 이상 SF영화 속 이야기가 아닐 수 있어.

범죄를 예방할 수 있고 증거 자료도 될 수 있기 때문에 CCTV가 꼭 나쁜 것이라고 할 수는 없지만, 개인정보를 보호하기 위한 노력이 뒤따라야만 사생활 침해 문제점을 해소할 수 있을 거야.

그런 의미에서 국회와 정부는 개인의 사생활을 침해할 수 있는 제도를 새로 만들 때마다 개인정보를 보호하는 조항을 곁들여 공공의 이익과 개인의 사생활 보호 간에 균형을 잡고 있어. 한 예로, 개인의 돈 거래를 규율하는 '금융실명제' 관련 법률을 살펴보면 둘 간의 균형을 맞추기 위해 노력한 흔적을 찾을 수 있지.

금융실명제 金融實名制

금융실명제는 이른바 '검은 돈'을 근절하는 데 크게 기여하고 있다.
금융실명제 때문에 은행 계좌를 만들 때는 신분증을 가져가야 한다.

금융실명제란 자신의 진짜 이름으로만 금융거래를 하도록 하는 제도를 말해. 현빈이 은행에서 통장을 만들려면 신분증을 가져가 본인 확인을 받고 예명인 '현빈'이 아니라 본명인 '김태평'으로만 계좌를 만들 수 있다는 뜻이지. 또 소녀시대 멤버들이 절친이라 해도 윤아가 유리 것을, 또는 태연이 제시카 것을 만들 수는 없어.

당연한 얘기를 왜 하냐고 묻겠지만, 사실 1990년대 초반만 해도 금융실명제는 굉장히 생소한 얘기였어. 당시에는 누구든 돈만 가지고 가면 이름을 밝히지 않고도 은행에서 통장을 만들 수 있었고, 가짜 이름도 굉장히 많이 썼지. 은행마다 손님 이름 중에 가장 많은 것이 '홍길동'이었다고 하니까 말이야.

그러다 보니 공무원들이 뇌물로 받은 '검은 돈'을 숨기기도 편했고, 국세청에서 누가 돈을 얼마나 벌어서 어떻게 보관하고 있는지 알 방법이 없었지. 그처럼 어둠 속에서 몰래몰래 오가는 경제활동을 '지하경제'라고 하는데, 정상적인 경제활동이라면 당연히 부과되었어야 할 막대한 세금이 새어 나가고 있었던 셈이야.

그래서 1993년 8월 12일 오후 7시 45분, 김영삼 대통령은 기습적으로 긴급명령을 발동했어. 1993년 8월 12일 오후 8시를 기해 온 나라에 금융실명제를 전면적으로 실시한다는 내용이었지. 그 즉시 실명 확인이 없이는 돈을 빼낼 수 없게 되었고, 고액을 가져가는 사람에 대해서는 그 돈이 어디서 났는지 국세청이 조사하기 시작했어.

그러자 금융실명제에 반대하는 목소리가 들끓었어. 수많은 자금이 해외로 빠져나가 주식시장이 충격을 입고 폭락할 뿐 아니라, 금융권에 있던 돈이 부동산으로 옮겨가 부동산 가격이 급등하고 기업들도 망할 것이라는 주장이었지. 그러나 실명제가 실시된 뒤에도 주식시장이며 부동산이며 기업 부도율에 별다른 영향이 없었어. 오히려 금융거래가 투명해져서 세금을 더 공평하게 거둘 수 있게 되었지.

다만 금융실명제에 따라 개인의 금융거래 내역이 낱낱이 공개된다면 사생활이 심각하게 침해될 수 있잖아? 그래서 은행, 증권, 보험 등 금융회사들이 거래 내용을 비밀로 하도록 하는 조항을 포함시킨 '금융실명거래 및 비밀보장에 관한 법률'이 1997년에 생겨났어.

그 결과 수사기관의 수사나 국회의 국정조사 등 아주 예외적인 경우를 제외하고는 개인의 금융거래 내용은 철저히 보호되고 있어. 예를 들어 은행에서는 본인이 아닐 경우 설령 가족이라 하더라도 예금 계좌를 열어 볼 수 없지.

이 제도 때문에 바쁜 직장인이나 학생들이 금융거래에 불편을 겪기도 하지만, 그런 정보가 허술하게 관리되면 '화이트칼라' 범죄에 악용될 우려가 있으니 어쩔 수 없어.

화이트칼라 white collar

화이트칼라흰색 옷깃는 블루칼라청색 옷깃와 쌍을 이루는 말이야. 보통 흰 와이셔츠에 정장을 입고 사무실에서 일하는 사람들을 가리키는 말인데, 그 옷깃 색깔이 흰색이라서 화이트칼라라는 이름이 붙었지.

블루칼라는 작업복을 입고 공장이나 공사 현장에서 일하는 사람들을 가리키는 말이야. 옛날 미국에서는 질기고 튼튼한 청바지 재질로 작업복을 만드는 경우가 많았기 때문에 청색 옷깃이라는 말이 공장이나 공사 현장의 노동자들을 뜻하게 된 거야.

참고로 '레드넥red neck: 붉은 목'이란 말도 있어. 미국에선 촌놈, 시골뜨기란 뜻으로 쓰이는데, 주로 미국 남부지방에서 농사를 짓거나 가축을 키우는 사람들을 가리키는 말이야. 카우보이 모자에 부츠 신은 아저씨들이 하루 종일 밭이나 목장에서 일하다 보면 햇빛 때문에 목 뒤가 뻘겋게 되는 것에서 유래한 용어지.

화이트칼라나 블루칼라는 2차, 3차 산업에 종사하는 도시의 노동자들을 가리키는 말이고, 레드넥은 1차 산업에 종사하는 시골 노동자를 가리키는 말이야.

자본주의의 초기 단계에서는 화이트칼라와 블루칼라의 개념이 없었어. 자본가와 노동자라는 두 가지 계층만 존재했었지. 그러다 자본주의가 발전하고 3차 산업인 서비스업 일자리가 늘어나면서, 노동자 계층이 크게 화이트칼라와 블루칼라로 나뉘게 된 거야. 화이트칼라나 블루칼라나 둘 다 자본이 아니라 노동을 통해 먹고산다는 점에서는 차이가 없어. 다만 화이트칼라가 깔끔한 옷을 입고 사무실에 앉아서 정신노동을 한다는 점에서, 작업복을 입고 현장에서 육체노동을 하는 블루칼라와 차이가 있을 뿐이지.

그런데도 화이트칼라와 블루칼라들은 일반적으로 잘 어울리지 않고 끼리끼리 뭉치는 경향이 있어. 실제로 대기업인 현대자동차 노동조합_{노조}은 대리 직급 이하의 블루칼라들이 주도하고 있어서, 과장급 이상의 화이트칼라 노동자들은 노조 가입조차 할 수 없거든. 사실 경제가 좋을 때는 화이트칼라들이 굳이 노조에 가입할 필요성을 못 느끼기도 했고.

하지만 요즘은 경제가 어렵다 보니 노조가 방패 역할을 해 주지 않는 노동자들은 그야말로 '파리 목숨'처럼 언제 해고될지 모르는 상황이란 말이야? 그래서 최근 현대자동차에서는 과장 직급 이상의 화이트칼라들도 새로운 노동조합을 만들고 있어.

치열한 경쟁과 업무 부담에다 언제 해고될지 모르는 불안까지 겹쳐, 요즘 화이트칼라들의 스트레스는 심각한 상황이야. 그러다 보니 한탕주의 풍조가 생겨나서, 사기를 친다든지 회사 정보를 빼돌려 다른 회사에 팔아먹는 화이트칼라 범죄도 늘어나고 있어.

과중한 스트레스를 해소한다는 핑계로 '말초신경'을 자극하는 마약이나 도박 등에 중독되는 사람들도 갈수록 늘어나 사회적인 문제가 되고 있지.

말초신경 末梢神經

선정적이고 폭력적인 영화나 게임은 말초신경을 과하게 자극한다.
얼마 전 끝난 막장 드라마는 말초적인 구경거리만 늘어놓은 수준이었다.

인간이나 포유동물의 몸에는 신경이 있는데, 신경은 몸 외부의 자극을 뇌와 척수에 전달할 뿐 아니라 뇌와 척수가 보내는 명령을 온몸에 전달하는 역할을 해.

사람의 신경계는 뇌와 척수를 포함하는 중추신경계와 중추신경으로부터 우리 몸의 모든 조직으로 연결되어 있는 말초신경계로 이루어져 있어.

말초신경은 또다시 감각신경과 운동신경 그리고 내장과 연결되어 몸속 상태를 조절하는 자율신경으로 나뉘지. 감각신경은 시각, 청각, 후각, 미각, 촉각을 통한 감각을 뇌와 척수에 전달하고, 운동신경은 뇌와 척수의 명령에 따라 근육을 움직여. 그래서 사고나 질병으로 말초신경에 장애가 생기면 몸의 특정 부위나 전체가 감각을 잃거나 마비되기도 해.

하여간 눈으로 보고 귀로 듣고 냄새 맡고 맛보고 피부로 느끼는 오감五感이 모두 말초신경을 통해 뇌로 전달되기 때문에, 어떤 형태로든 인간에게 감각적 즐거움을 주는 것을 가리켜 '말초신경을 자극한다'고 하지.

이 말은 즐거움 중에서도 고상한 것이나 뭔가 깊이 생각해야 얻을 수 있는 것 등은 제외되고, 저질스럽거나 아무 생각 없이 짜릿하게 즐길 수 있는 것들만을 가리킨다는 점에서 부정적인 뉘앙스를 풍겨. "막장 드라마는 말초적인 자극에 불과하다"거나 "야한 영화는 말초신경을 자극한다"는 식으로 표현되지.

말초적이라는 말과 비슷하지만 구별되는 것으로 지엽말단枝葉末端 또는 말단지엽末端枝葉이라는 말이 있어. 한자를 그대로 풀자면 나뭇가지와 잎의 가장자리라는 뜻인데 아주 소소하고 중요하지 않은 것을 가리킬 때 쓰는 용어야. 사소한 말실수를 꼬투리 잡는 친구들, 한 반에 꼭 한 명씩은 있지? 다음부턴 그런 친구에게 "그런 지엽말단적인 지적보다 핵심을 얘기하라"고 폼나게 말해 봐.

그런데 왜 말초신경을 자극한다는 말이 부정적으로 쓰이는 걸까? 불량식품을 떠올려 보면 이해가 빠를 거야. 불량식품이 몸에 좋지 않다는 건 누구나 알고 있지. 그런데 불량식품들은 대부분 알록달록 자극적인 생김새를 갖고 있는 데다, 먹어 보면 또 맛있단 말이야.

폭력적 게임이나 야한 영화나 막장 드라마도 마찬가지야. 감각적 즐거움을 주기 때문에 욕하면서도 보지만 사실 그 내용이 좋지 않다는 건 제작하는 사람들도 다들 알고 있어. 그렇지만 찾는 이들이 많고 돈이 되니까 그런 것들이 계속 나오는 거지.

하지만 이런 게 아무리 해롭다 한들, 마약이나 약물을 남용해서 말초신경을 직접 자극하는 이들에 비할 순 없겠지. 약물에 중독되면 혼자 쾌락을 즐기는 것 외에도 환각 상태에서 남에게 피해를 줄 수 있을 뿐 아니라 약물 거래 과정에서 온갖 불법행위가 일어나기 때문에 '약물남용'이나 중독은 법률에 따라 규제를 받게 되지.

약물남용 藥物濫用

그 선수는 도핑 테스트에서 약물남용 사실이 발각되어 메달을 박탈당했다.
식약청은 수능시험 전후로 청소년의 약물남용이 우려된다고 발표했다.

뇌신경에 작용해서 정신에 영향을 미치는 약물을 향정신성 약물이라고 하고, 그걸 비의학적·불법적인 목적과 방법으로 사용하는 것을 가리켜 약물남용이라고 해. 즉 상처에 바르는 연고나 소독약은 아무리 많이 바르더라도 약물남용이 아니지만, 향정신성 성분이 들어 있는 다이어트 약이나 감기약을 많이 먹는 것은 약물남용이야.

약물을 남용했는지 아닌지를 정하는 것은 의학적 기준 외에도 사회적 기준이 있어. 예를 들어 술이나 담배도 향정신성 약물이기는 하지만, (어른들에게는) 법률상 규제가 없어. 그나마 다른 약물에 비해 사회적 해로움이 덜하다는 이유에서야.

물론 그에 대해서는 반대 주장도 있지. 알코올 중독자들이 크고 작은 폭력 행위를 저지르는 것이나 담배 중독자들이 주위 사람의 건강을 해치는 점을 감안하면 술, 담배도 규제해야 한다는 거야. 그래서 선진국일수록 담배 광고도 제한하고 포장지에 경고 문구를 꼭 넣게 하는 추세지.

한편, 선진국이든 후진국이든 오늘날 청소년의 약물남용은 심각한 사회문제가 되고 있는데 우리나라도 예외는 아니야.

청소년 시절부터 가스, 본드, 술, 담배를 접하게 되면 중독되기도 쉽고 이것들을 구입할 돈을 마련하기 위해 범죄를 저지르기도 쉽지. 또 환각 상태에서 범죄를 저지르는 경우도 많기 때문에 정부 차원에서 청소년 약물남용 방지 대책을 펴고 있어. 하지만 정부의 이런 노력과 별개로 현대사회는 학생이건 직장인이건 개인 사업자건 간에 너무나 경쟁이 치열하고 스트레스 받을 일이 많아서 약물남용이 근절되지 않고 있어.

특히 운동선수들은 항상 남과 비교되는 경쟁 속에 놓여 있기 때문에, 남보다 쉽게 좋은 성적을 거둘 수 있게 해 주는 각종 약물의 유혹에 항상 노출되어 있다고 할 수 있지. 근육강화제를 복용하면 평범하던 선수도 갑자기 뛰어난 기량을 발휘할 수 있으니까. 실제로 88서울올림픽에서 벤 존슨이란 육상선수도 약물 복용이 밝혀져 금메달을 박탈당하기도 했어. 약물남용자를 적발하는 검사를 가리켜 도핑 테스트라고 해.

미국 정부는 유명한 운동선수라고 해도 심각한 약물남용을 저지른 경우 입국을 할 수 없도록 '비자'를 내주지 않는다고 하는데, 우리나라도 그런 정책은 좀 본받을 필요가 있어.

비자 visa

美, 경제 활성 기대하며 中 관광객에 비자 발급 규모 확대.
비자 신청이 번거롭다면 단기 여행 무비자 지역인 싱가포르에 다녀오면 어떨까?

비자는 우리말로 입국사증이라고 하는데, 어떤 나라에 입국할 수 있다는 허가증을 가리키는 말이야. 예를 들어 인도 사람이 우리나라에 입국하려면 인도에 있는 우리나라 대사관에 방문해서 여권을 제출하고 입국을 허가해 달라는 신청을 하게 되는데, 그것을 비자 발급 신청이라고 해.

visa는 라틴어의 'vise'에서 유래한 말로 '보증하다, 조사하여 증명하다'라는 의미를 담고 있지. 그래서 어떤 사람에게 비자를 발급해 준다는 것은 곧 여권이 유효하며 여권 소지자가 입국해도 되는 사람임을 본국 공무원에게 알려 주는 거야. 보통 비자는 입국 목적과 체류 기간 등을 명시한 스탬프나 스티커를 여권에 붙이는 형태로 발급되지.

비자 제도는 제1차 세계대전 중에 유럽 각국이 서로 스파이를 방지하기 위하여 시작되었다고 알려져 있는데, 그 후에도 국가 안보뿐 아니라 불법 이민자를 막는 목적으로 세계 각국에서 시행되고 있어. 그런데 비자라는 것이 그 나라 대사관이나 영사관 같은 외교 관청에서만 발급되는 것이다 보니, 오늘날처럼 수많은 사람들이 외국 여행을 다니는 시기에는 발급 절차가 너무 불편하고 시간도 많이 걸리는 것이 현실이야.

그래서 우리나라는 요즘 많은 나라들과 비자를 면제해 주는 협정을 맺고 있는데, 이 협정이 맺어진 국가들을 단기간 여행할 때는 비자를 받을 필요가 없어. 비자를 면제해 주면 서로 더 많은 관광객을 유치할 수 있기 때문에 협정을 맺는 국가가 점점 더 늘고 있어.

비자 없이도 갈 수 있는 국가를 '단기여행 무비자 국가'라고 해. 미국, 홍콩, 그리스, 스위스, 싱가포르, 프랑스, 독일, 스페인 등은 90일간 비자 없이 체류할 수 있고, 이탈리아는 60일, 영국과 캐나다는 6개월 동안 비자 없이 머무를 수 있지. 허용 기간을 넘어서 체류하려면 목적에 맞는 비자를 받아야 해. 비자에는 A-1, E-2, B-2, F-1 같은 표시가 있는데 A는 외교관용, B는 관광용, F는 학생용 비자를 의미해.

참고로 요즘 미국 사회에서는 H-1B라는 종류의 비자가 아주 뜨거운 감자야. 1990년 신설된 H-1B 비자는 전문 분야에서 학사 학위 이상을 취득한 외국인에게 미국에서 최대 6년까지 일할 수 있도록 허락해 주는 비자인데 연간 6만 5천 명에게 발급되고 있어.

사실 미국의 첨단 기업들은 H-1B 비자를 가진 외국인 노동력을 훨씬 더 많이 필요로 해. 2007년 미국 의회 청문회에 MS의 빌 게이츠 회장이 출석해서 미국의 미래를 위해 H-1B 비자 발급 제한을 없애야 한다고 주장할 정도였지. 그는 세계 각국의 뛰어난 전문가들을 무한정 받아들여야 미국의 첨단 산업 경쟁력이 지속될 수 있다고 했어.

H-1B 비자 발급 인원 한도는 원래 19만 5천 명이었는데 2003년에 6만 5천 명으로 줄었어. 인원을 다시 늘리는 이민법은 미국 의회에서 번번이 거부당하고 있어. '프로그래머 길드Programmers Guild' 등 미국 컴퓨터 프로그래머 집단의 반발 때문이야. H-1B 비자가 확대되면 싼 값에 쓸 수 있는 외국인 프로그래머들 때문에 미국인들의 일자리가 줄어든다는 것이 그들의 반발 사유야. 이처럼 취업 비자 문제는 노동자의 일자리와 밀접한 연관이 있어.

길드guild

중세시대에는 각 도시마다 상인들의 길드가 있었다.
독일에서는 요즘도 길드를 통해 직업 기술의 전수가 이뤄지고 있다.

길드란 중세 유럽의 상공업자 조합을 가리키는 말이야. 같은 직업을 가진 사람들끼리 상부상조하면서 지내자는 취지로 생겨났지. 상인들이 중심이 되어 시작되었다가 12세기부터 수공업자들의 길드가 분리되어 나왔고 목수, 대장장이 등 직업별로 길드가 생겨났어.

사실 요즘 길드라고 하면 온라인 게임을 빼놓고는 생각할 수 없을 정도인데, MMORPG 게임에 들어가 보면 길드원 모집하는 광고 글로 시끌시끌하잖아. 보통 길드에 가입하면 초보자들의 경우 아이템도 주고 레벨업도 도와줄 뿐 아니라 파티나 공격대 구성도 굉장히 편리하지. 대신 외부인이나 다른 길드에 대해서는 배타적이고, 길드원들에게는 길드 차원의 각종 이벤트에 동참해야 한다는 부담이 주어지지.

중세시대의 길드도 마찬가지였어. 길드는 원래 종교적 의미를 띤 단체였기 때문에 종교적 의식도 같이 치렀고 길드 구성원이 죽었을 경우 장례를 치러 주고 남은 식구들을 보살펴 주기도 했지. 반면 외부인에게는 굉장히 배타적이었는데, 외부인이 물건을 팔려면 길드의 허락을 받아야 했어. 그런데 조건이 무척 까다로워서 외부인의 영업이 매우 어려웠다고 해.

길드의 운영은 전통에 따라 행해졌고 모든 물품 생산 규모나 판매도 길드가 정했기 때문에 길드 구성원들에게는 자유로운 영업이 허락되지 않았어.

그런데 길드는 이내 사라지고 말았어. 중세 사회를 지나 근대 유럽의 산업혁명 이후로는 가내수공업이 점차 사라지고 분업화된 공장 형태의 기업들이 속속 생겨났기 때문이야. 한때 몇몇 서양 학자들이 아시아에는 길드가 없어서 자본주의가 발전할 수 없었다는 주장을 하기도 했는데 그건 사실과 달라.

1800년대 영국과의 아편전쟁 당시 중국에서는 각 도시마다 길드가 굳건하게 버티고 있었다는 기록이 있고, 일본에도 길드가 있었을 뿐 아니라 우리나라에도 조선시대에 송상(개성상인), 만상(의주상인), 경강상인(한강 주변지역 상인들) 등 대규모 상단이 존재했으니까.

길드는 사라졌지만 오늘날에도 그와 유사하게 직업별로 상부상조하는 단체들이 활발하게 활동하고 있어. 예를 들어 노동조합의 경우 각 직장별 노조들은 조합원들의 권익 보호를 위해 회사 경영진과 대화하고 때로는 투쟁을 벌이니 길드와 무척 비슷하지.

　또 업종별 사업자들의 모임인 '○○협회'도 많은데, 보험대리점 협회 같은 곳은 보험업 종사자들의 권익을, 변호사 협회, 법무사 협회 등은 각각 변호사와 법무사의 권익을 옹호하기 위해 정치권에 압력을 넣는 등 다양한 활동을 하고 있어.

　이처럼 공동의 권익을 위해 모임을 조직하는 것은 사람들의 당연한 심리라고 할 수 있어. 그런 면에서는 나랏일을 하는 국회의원들도 다르지 않지. 국회의원들은 각기 정당이 다르기 때문에 이해관계가 일치하기 어려울 때가 많아. 하지만 국회의원이라는 직업 자체의 권익을 위해서는 여야 구분 없이 자연스레 힘을 합치는 경우도 꽤 있는데, 단적인 예로 '방탄 국회'와 '게리맨더링'을 꼽을 수 있어.

게리맨더링 Gerrymandering

미국 의회도 게리맨더링이 심각하다.
게리맨더링을 없애려면 선거구를 법률로 정하는 것이 좋다.

게리맨더링이란 정당이나 후보자가 정치적 목적에 따라 선거구를 멋대로 획정하는 것을 가리키는 용어야. 획정이란 구획을 나누어 정리한다는 뜻이야.

　1812년 미국의 상원의원 선거 때 매사추세츠 주에 조금 이상한 일이 일어났어. 당시 여당이던 공화당은 매사추세츠 전체 주민 득표수에서는 야당에 졌는데도 상원의원 당선자는 야당보다 더 많았어. 29명 대

11명으로 압승을 거뒀지.

그 비밀은 선거구 획정에 있었어. 원래 선거구를 정할 때는 자연적인 지형과 주민들의 평소 생활 패턴 등을 감안해서 인근 지역으로만 묶어야 하는데, 매사추세츠 주지사였던 공화당의 엘브리지 게리가 공화당 정치인들이 많이 당선될 수 있도록 선거구를 멋대로 획정해 버렸거든. 공화당 지지자들이 많은 지역은 여러 개의 선거구로 쪼개고, 야당 지지자들이 많은 지역은 소수의 선거구로 모아놓은 거야.

게리맨더링이 문제가 되는 이유는, 앞서 게리맨더링 사례에서 볼 수 있듯이 국민의 의사가 왜곡되어 전체 득표수에서는 지고도 당선자는 많이 내는 경우가 생길 수 있기 때문이야. 또 국민들의 실제 생활환경과 다르게 선거구가 정해진다면 주민들도 불편하고 당선자가 지역의 대표성을 갖기도 어렵지.

미국은 주 의회에서 선거구를 정하기 때문에 지금도 게리맨더링 논란이 끊이지 않고 있어. 특히 각 주의 인구 차이를 고려하지 않고 상원의원을 2명씩 두기 때문에, 인구 50만 명인 와이오밍 주와 인구 3,700만 명인 캘리포니아 주 상원의원 숫자가 똑같아.

블랙 게리맨더링이라는 것도 있는데, 미국 법무부는 흑인 등 유색인종에게 정치 진출의 길을 열어 줘야 한다며 유색인종 유권자들이 많이 사는 지역을 중심으로 선거구를 획정하는 것을 허용하고 있어. 적극적 평등 실현 조치라는 이유로 찬성하는 측과 오히려 다른 선거구에서 백인들이 무조건 당선되는 결과를 가져온다며 반대하는 측의 의견 대립이 계속되고 있어.

우리나라는 미국과 달리 선거구를 법률로 정하고 있기 때문에 미국보다는 상황이 좀 나은 편이야. 물론 1995년 충북 보은-옥천-영동 선거구를 획정할 때 기존 국회의원에 유리하게 옥천은 제외하고 멀리 떨어져 있는 보은과 영동을 묶는 게리맨더링이 벌어졌지만, 헌법재판소가 헌법불합치 결정을 내린 뒤로 미국처럼 괴상한 형태의 게리맨더링은 불가능해졌지.

하지만 여전히 선거구가 기존 국회의원들에게 조금이라도 유리한 형태로 정해지고 있고, 그 때문에 선거철마다 게리맨더링 논란이 끊이지 않고 있어.

게리멘더링은 기존 국회의원들의 기득권 보장을 위해 여야 구분 없이 한 목소리를 내주고 있기 때문에 가능한 것인데, '방탄 국회' 역시 국회의원들이 기득권 수호를 위해 단합하는 대표적인 예라 할 수 있어.

방탄 국회 防彈國會

우리나라 헌법은 모든 사람이 법 앞에 평등하다고 하기 때문에 누구라도 법원이 발부한 체포 영장을 거부할 수는 없어. 하지만 예외가 하나 있는데, 바로 국회의원의 불체포특권이지. 헌법 제44조 제1항에는 현행범인 경우를 제외하고는 국회가 열려 있는 동안 국회 동의 없이 국회의원의 체포 또는 구금을 금한다는 특권이 명시되어 있어.

이 조항이 생긴 뒤로 국회가 열려 있는 동안 국회의원을 체포하는 것은 거의 불가능했지.

불체포특권은 국회가 열려 있는 동안에만 인정되기 때문에, 계속 임시 국회를 열어 불체포특권을 유지시켜 주는 관행이 있었어. 그것을 가리켜 '방탄 국회'라고 하는 거야. 여야 구분 없이 국회의원들끼리 상부상조하지 않았다면 있을 수 없는 일이지. 그래서 방탄 국회가 열릴 때마다 언론은 비판적인 기사를 써 왔고, 국민 여론은 들끓었어.

그러다 보니 최근 들어서는 상당한 변화 조짐이 나타나고 있어. 2008년부터 2012년까지를 임기로 하는 18대 국회에서는 방탄 국회가 상당히 줄었어. 여러 명의 국회의원들이 국회 회기가 끝나자마자 체포되어 수사를 받았으니까.

이런 변화가 나타난 것은 방탄 국회에 대한 국민의 비난 여론 때문이기도 하지만, 18대 국회에서는 유난히 여야가 사생결단하고 싸웠던 탓이 더 커. 예전에는 싸울 때 싸우더라도 서로 봐줄 건 봐주는 암묵적인 룰이 있었지만, 지난 18대 국회는 '정치의 실종'이라고 할 정도로 여야가 극도로 대립해 왔거든. 게다가 한나라당 모 의원은 민주당 지도부의 회의를 도청했다는 이유로 민주당에게 고발을 당했으니, 그런 국회의원에게 방탄 국회를 열어 줄 이유가 없는 셈이지. 여튼 그 덕에 잘못된 관행이 하나 사라진 것은 다행이라고 봐.

국회의원의 특권으로는 불체포특권 외에도 면책특권이 있는데, 특권이 꼭 나쁘다고만 볼 수는 없어. 일단 대한민국의 헌법에 정한 것이니만큼 존중할 필요가 있는 데다, 원래 그 특권들이 생겨난 유래가 행정부의 부당한 억압으로부터 국회의원의 자주적인 활동을 보장하기 위한 것이거든.

　1987년 6월 민주항쟁 직전까지만 해도 군인 출신 대통령들이 국민의 대표자인 국회의원들을 마구잡이로 탄압했었단 말이야. 지금도 우리나라는 대통령의 권한이 워낙 막강한 데다, 미국과 달리 검찰과 경찰의 조직 구조가 민주적이지 못하기 때문에 그런 특권이라도 없으면 입법부가 행정부에 휘둘릴 가능성이 아주 높아.

　사실 우리나라의 대통령제는 미국이나 프랑스의 대통령제와 달리 대통령의 권한이 입법부와 사법부를 압도하는 '제왕적 대통령제'에 가깝거든. 제왕적 대통령제는 강력한 리더십을 발휘할 수 있는 장점도 있지만 자칫하면 홉스가 말한 '리바이어던' 같은 독재가 이뤄질 우려가 있지.

리바이어던 leviathan

영국의 홉스는 저서 『리바이어던』에서 자연 상태의 인간 사회는 '만인의 만인에 대한 투쟁'이라고 할 만큼 약육강식의 생존경쟁이니, 차라리 사회계약을 통해 절대권력을 가진 국가 '리바이어던'을 세워야 한다고 주장했어.

　기독교의 성경은 곳곳에 리워야단이라는 전설의 뱀에 대해 언급하고 있는데, 홉스의 리바이어던은 그걸 가리키는

리워야단

그 실체에 대해 여러 가지 견해가 있음. ①사람 마음속 악함을 가리키는 상징이다 ②악마, 즉 루시퍼다 ③실제 존재했던 생물이다(공룡의 일종이라는 설과 알려지지 않은 특별한 괴물이라는 설로 나뉨).

거야. 언어에 따라 발음 차이가 있는 것뿐이지. 성경 속 「욥기」라는 책에는 '악어'로 번역되기도 하는 리워야단 얘기가 한 장에 걸쳐 나와 있어.

이것들을 종합하면 리바이어던은 엄청나게 거대하고 강하며 날쌘 바다의 용으로, 육지에도 올라올 수 있으며 입에서는 불을 뿜고 사람의 힘으로는 도저히 어찌할 수 없는 악마 같은 괴물이야.

홉스가 그 책을 쓰던 당시는 영국에서 절대왕권과 의회가 격렬히 충돌하면서 왕이 처형당하고 내전이 벌어지던 혼란기였어. 홉스는 평화와 안정을 갈망하며 절대권력의 필요성을 제시했지만 의회파의 눈 밖에 나고 말았지. 그는 외국으로 망명한 다음 『리바이어던』을 완성했어.

홉스가 주장하는 내용은 요약하면 이거야. 앞서 말한 '만인의 만인에 대한 투쟁' 상태는 지옥 같은 삶일 수밖에 없으니, 합리적인 인간들은 그 상태를 벗어나 평화로운 생활을 하기 위해 자신의 권리를 자발적으로 내놓는 사회적 계약을 맺고 그것을 준수하게 된다는 거지. 그 사회 계약이 지속되려면 어느 누구도 덤빌 수 없는 강한 힘이 필요한데, 그게 바로 '공동체로서의 국가commonwealth' 즉 리바이어던이라는 거야. 듀라셀 건전지 광고에서 수많은 토끼들이 자발적으로 거대한 토끼 몸의 일부로 예속되는 걸 떠올려 보면 조금 더 이해가 되려나?

하여간 홉스의 책은 공화정이 끝나고 영국 왕실이 복구된 뒤 찰스 2세에게 바쳐졌고, 이후 commonwealth라는 말은 영국연방을 가리키는 뜻으로 쓰이게 되었지.

하지만 홉스의 사상은 의회파뿐 아니라 왕당파에게도 비판을 받았어. 왕권이 하늘로부터 나온다는 '왕권신수설'을 믿는 왕당파에게는 국민의 사회계약에 따라 왕권이 주어진다는 홉스의 주장이 너무도 불경스러워 보였던 거지.

오늘날까지도 그의 이론은 비판을 받고 있어. 가장 큰 문제는 그의 이론이 절대권력을 편든다는 점이야. 특히 그는 권력을 나눌 수 없다며 민주국가의 기본인 견제와 균형 원리를 부정했고, 부당한 권력에 대한 국민의 저항권을 인정하지 않았거든.

그런데 홉스 입장에서는 좀 억울할 수도 있을 거야. 그는 국가가 국민을 위험에 빠뜨린다면 국민은 자기 보존을 위해 계약을 끝낼 수 있다고 봤는데, 당시로서는 국민의 권리를 굉장히 높게 책정한 셈이었거든. 왕당파에게는 '검은 백조'를 발견했을 때만큼이나 충격을 주는 주장이었을 거야.

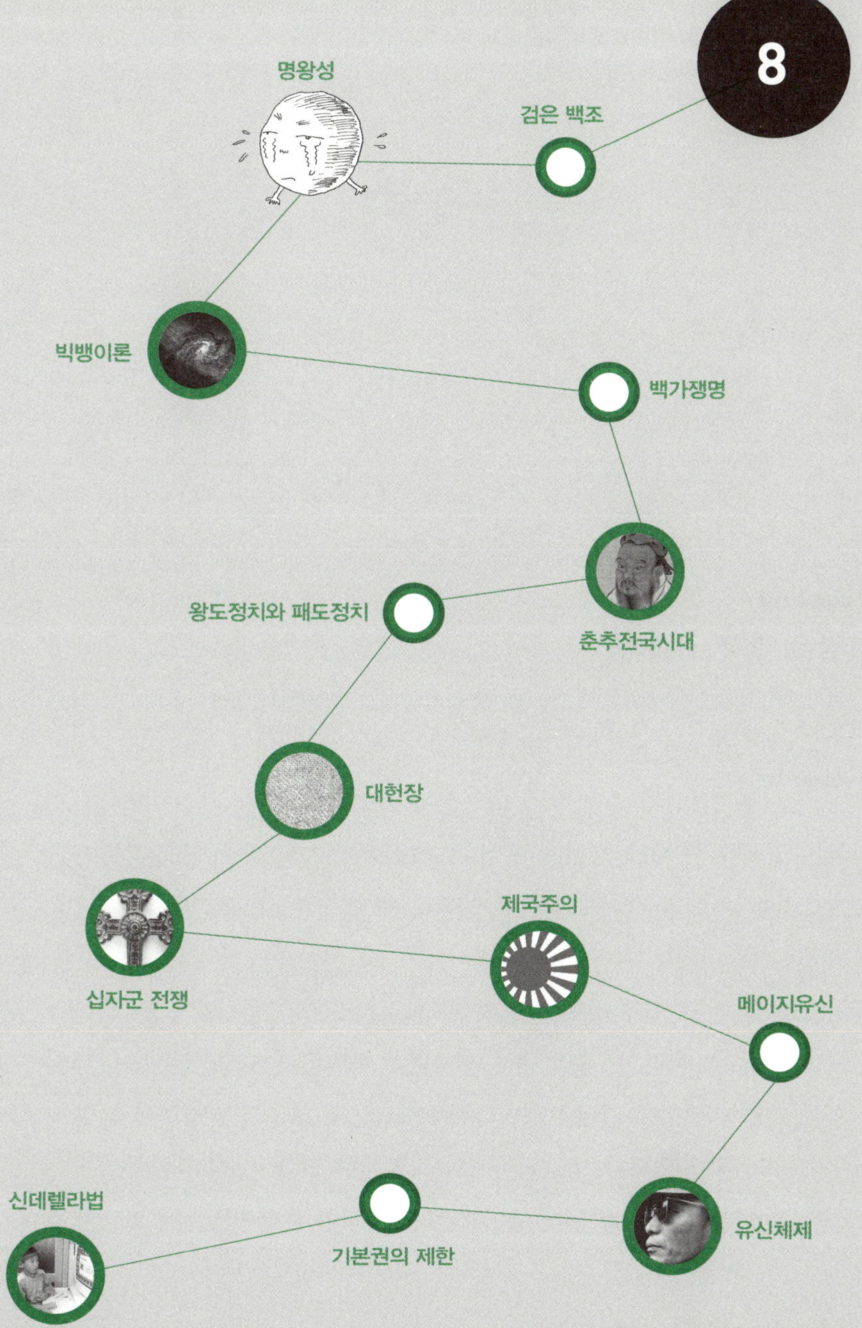

8
명왕성
검은 백조
빅뱅이론
백가쟁명
왕도정치와 패도정치
춘추전국시대
대헌장
제국주의
메이지유신
십자군 전쟁
신데렐라법
기본권의 제한
유신체제

김 박사의 연구 성과는 검은 백조의 발견에 비견될 만큼 획기적인 것이다.
최근의 세계 경제위기, 검은 백조처럼 예측하기 어려워.

백조SWAN란 흰 백白, 새 조鳥가 합쳐진 말로, 희고 우아한 자태를 특징으로 하는 새의 한 종류라는 것은 다들 알고 있을 거야. 우리말로는 '고니'라고 해.

그런데 '검은' 백조라니? 백조가 검다는 건 모순 아닐까?

역사적으로 아시아, 유럽 대부분 지역의 사람들은 세상 모든 고니가 희다고 생각했어. 그런데 1697년 유럽 사람들이 호주를 탐험하면서 그곳에서만 살던 흑고니, 즉 검은 백조를 발견한 거야. 당시 사람들에게는 굉장한 충격이었지. 눈에 보이던 모든 고니가 흰색이었으니 고니가 희다는 것은 진리였는데, 검은 백조 한 마리가 발견되면서 기존의 통념이 완전히 뒤집힌 거야.

그 후로 검은 백조는 '흔히 보기 힘든 특별한 것' 또는 '존재하지 않거나 불가능하다고 여겨지는 무언가가 실제로 발생하는 것'을 빗대는 표현으로 사용되고 있어.

최근에는 경제계를 중심으로 널리 쓰이고 있는데, 미국 뉴욕대 교수인 나심 니콜라스 탈레브Nassim Nicholas Taleb가 쓴 『블랙 스완』 때문이야. 그는 검은 백조를 예로 들어 세계 경제가 지금껏 경험하지 못한 큰 충격을 받을 수 있다고 설명했는데, 마침 세계 금융위기가 닥쳐오면서 그의 책이 선풍적인 인기를 끌었지.

그가 주장한 검은 백조란 이런 거야.

- 일반적 기대치를 넘어서는, 지금껏 겪어 보지 못한 현상으로
- 극심한 충격을 가져오지만
- 일단 그 존재가 사실로 밝혀진 뒤에는 연구를 통해 설명과 예견이 가능해짐

즉 그가 말한 '검은 백조 이론'이란 세계 금융위기는 지금껏 겪어 보지 못한 것으로, 극심한 충격을 가져왔지만, 일단 경험한 이상 앞으로 연구해서 설명하고 예견할 수 있을 거라는 뜻이야.

역사적으로 보면 이런 일들이 반복되었지. 기존의 이론을 깨는 새로운 것들이 발견될 때마다 학자들은 연구 끝에 새로운 이론을 세웠어. 이것이 사람들에게 인정받고 널리 퍼지면 새로운 진리로 받아들여졌지. 그

러나 그 이론을 넘어서는 새로운 사실이 발견된다면 얘기는 또 달라지지. 일례로 검은 백조를 신기하게 여긴 유럽 사람들이 본국으로 가져가면서 검은 백조는 오늘날 세계 곳곳에서 볼 수 있어. 더 이상은 검은 백조를 보더라도 충격 받지 않지. 그런데 만약 빨간 백조가 발견된다면? 백과사전을 새로 써야겠지. 태양계의 '명왕성'처럼 말이야.

명왕성冥王星, Pluto

명왕성 퇴출은 과학 교과서를 새로 써야 할 만큼 중대한 사건이다.
그는 이번 사업 실패로 완전히 명왕성 됐다(He's totally plutoed).

명왕성은 태양계 가장자리를 도는 조그마한 별을 말하는데, 1930년에 클라이드 톰보라는 미국의 아마추어 천문가가 처음 발견했어.

태양계의 행성planet은 수성, 금성, 지구, 화성, 목성, 토성, 천왕성, 해왕성 등 8개였는데, 거기에 명왕성이 추가되면서 지난 70여 년간 세계 각국의 교과서에는 태양계의 행성이 9개라고 씌어 있었지.

그런데 사실 명왕성을 행성으로 볼 수 있느냐에 대해서는 처음부터 말이 많았어. 왜냐하면 명왕성은 달보다도 작은 데다가, 1979년부터 1999년까지는 해왕성 궤도 안쪽에서 태양 주위를 공전하는 등 태양계 가장 끝 행성으로 보기가 애매했거든.

게다가 별을 관측하는 천문기술이 발전하면서, 지난 2005년에는 명왕성과 비슷한 작은 크기에 더 멀리서 태양을 도는 '에리스'란 별이 발견됐단 말이지. 마치 검은 백조가 발견됐을 때처럼, 명왕성이 마지막 행성이라는 일반인의 통념이 깨져 버린 셈이야.

결국 지난 2006년 체코 프라하에서 열린 국제천문연맹IAU은 천문학 사상 처음으로 행성의 자격을 정의 내렸어.

- 충분히 큰 질량과 중력을 갖고 원형에 가까운 형태일 것
- 공전 궤도 구역 내에서 지배적인 역할을 할 것
- 태양을 공전할 것

이 기준에 따라 명왕성은 '왜소행성dwarf Planet'으로 규정되어, 134340 이라는 일련번호를 부여받고 태양계의 행성에서 공식 퇴출당했지.

그러자 미국 천문학계가 발끈했어. 왜냐하면 기존 태양계 행성 8개는 모두 유럽 사람이 발견했고, 명왕성만 유일하게 미국 사람이 발견한 것 이어서 미국의 자존심이나 마찬가지였거든. 심지어 명왕성 퇴출을 저 지하는 서명운동까지 벌어졌다니까.

플루토이드
해왕성보다 먼 거리에서 태양을 돌며 주변에 많은 암석형 이웃들이 있는 둥근 천체.

미국방언협회(American Dialect Society)
1889년 설립된 연구단체로, 미국식 영어에 대해 연구하고 매년 올해의 단어를 선정해서 발표함.

논란 끝에 2008년 IAU는 플루토이드라는 등급을 새로 만들어서 명왕성과 에리스 두 별만 거기 포함시켰어. 나름의 절충안이랄까?

이 사건이 전 세계에 미친 파장은 그야말로 엄청났어. 당장 전 세계의 교과서와 백과사전을 다 바꿔야 했으니까. 그래서 미국방언협회는 2006년 '올해의 새 단어'로 plutoed_{명왕성 되다}를 추가했고, 이 말은 무언가 잘 나가다가 추락하거나 망신당하는 경우를 가리키는 비유적 표현으로 널리 쓰이게 됐지.

하지만 명왕성 사건이 우리에게 주는 더 중요한 교훈은, 우리가 알고 있는 과학 상식 중 일부는 실상 아직 깨지지 않은 가설에 불과하다는 점이야. 특히 우주과학 분야에서 그런 경향이 심한데 '빅뱅이론'을 중심으로 좀 더 살펴보자고.

빅뱅이론 big bang theory

요즘은 우주의 기원을 빅뱅이론으로 설명하는 과학자들이 많다.
트위터 등 SNS를 통한 투표 참여 운동이 정치권에 빅뱅을 불러일으켰다.

요즘 인터넷에서 '빅뱅'이라고 검색하면 YG 소속의 아이돌 그룹 관련 기사가 줄줄이 뜨지만, 원래 빅뱅은 우주 탄생의 기원을 설명하는 물리학 이론으로 가장 유명하지.

우주의 기원에 대해, 옛날 사람들은 원래 있었다거나 신이 창조했다고 설명하곤 했어. 좀 더 과학이 발전한 뒤에 '정상우주론the steady state theory'이 등장했지. 우주는 시작도 끝도 없으며, 팽창하고 있기는 하지만 늘 같은 밀도와 구조를 유지하고 있다는 이론이야.

반면 빅뱅이론은 우주가 약 137억 년 전 대폭발로 시작되었다는 주장이야. 즉 태초에 엄청난 고온의 미세한 점 같은 무언가가 대폭발을 일으켜 지금도 팽창 중이며, 그 과정에서 별들이 생겨났지만 너무 커지다 보니 평균 밀도가 감소하여 진공 상태의 우주가 됐다는 거지. 그리고 폭발력이 다해 팽창이 느려지면 언젠가 다시 쪼그라들어 미세한 점으로 되돌아간다는 거야.

빅뱅이론을 체계적으로 주장했던 조지 가모프는 원래 원시 화염구primeval fire ball 이론이라는 표현을 썼는데, 이를 들은 정상우주론자들이 big bang, 즉 '큰 펑' 이론이라고 비아냥거리면서 오히려 그 이름이 더 유명해졌대.

1940년대부터 1960년대까지 정상우주론과 빅뱅이론 주장자들은 서로 자신들의 주장이 맞다며 치열한 논쟁을 벌였어. 그런데 1964년 이른바 우주배경복사라는 것이 발견되면서 빅뱅이론이 우주의 기원으로 공식 인정받았지. 심지어 천주교 교황 베네딕토 16세도 2011년 초 빅뱅이론 역시 하나님의 뜻이라고 언급할 만큼 유명해졌어.

오늘날 '빅뱅'이란 말은 사회 모든 영역에서 '기존의 질서를 뒤흔들 충격적인 사건이나 변화'를 가리키는 비유적 표현으로 널리 쓰이게 됐어. 아이돌 그룹 빅뱅도 '가요계에 대폭발을 가져올 새로운 존재'가 되겠다는 희망을 담아 이름을 그렇게 지었다지?

우주배경복사
우주의 모든 방향으로부터 오는 같은 온도의 전파. 빅뱅이론이 맞다면 우주는 폭발에 따른 거대한 구(球)의 모양일 것이므로, 그 테두리로부터 일정한 전파가 포착되어야 하는데, 그것이 포착되면서 빅뱅이론을 입증함.

그런데 빅뱅이론이 우주론의 왕좌를 차지한 지 30년이 지난 지금, 또 새로운 과학적 발견과 주장들이 빅뱅이론을 흔들어 대고 있어. 예를 들어 1980년대부터 본격적으로 등장한 초끈이론은 기존의 빅뱅이론과 달리 우주의 시작이 작은 점이 아니라 작은 끈이라 설명하고 있어. 또 2011년 노벨 물리학상은 우주의 팽창속도가 느려지기는커녕 점점 더 빨라지고 있음을 발견한 브라이언 슈미트 등에게 돌아갔지. 게다가 최근 유럽 입자물리학 연구소CERN는 사상 최초로 빛보다 빠른 속도로 움직이는 입자를 발견했다고 발표했는데, 이것이 사실로 증명되면 빅뱅이론의 바탕이 되는 특수상대성이론마저 무너질 수 있는 놀라운 발견이 될 거야.

분명한 것은 우주의 기원을 둘러싼 수많은 학자들의 이론 싸움은 지금도 끊임없이 계속되고 있고, 아직 최종적인 진리는 밝혀지지 않았다는 점이야. 이처럼 수많은 이론들이 난립하는 경우를 '백가쟁명'이라고 하지.

초끈이론
우주를 구성하는 최소 단위를 전자 등 소립자의 구(球) 형태가 아니라, 이보다 훨씬 작으면서도 끊임없이 진동하는 짧고 가는 끈으로 보는 이론. 우주를 생성과 소멸 과정으로 보는 빅뱅이론과 달리 영원히 성장과 수축을 반복하는 존재로 본다.

특수상대성이론
세상 어떤 것도 빛의 속도보다 빨리 움직일 수 없다는 아인슈타인의 이론.

백가쟁명 百家爭鳴

세계 금융위기에 대한 백가쟁명 식 주장만 난무. 해법은 없는 것인가?
건전한 백가쟁명은 학문 수준 향상의 밑거름이 된다.

백가쟁명이란 수많은 학파가 서로 자기주장을 한다는 뜻인데, 고대 중국의 춘추전국시대에 활동하던 수많은 학파의 학자들이 끊임없이 자신의 이론을 주장하며 경쟁하던 데서 유래한 말이야.

당시 중국에는 제자백가諸子百家라고 해서 여러 사상가와 학파들이 있었어. 공자를 따르며 인의도덕을 중시하는 유가, 노자와 장자를 따르며 무위자연을 중시하는 도가, 한비자를 위시하여 법치주의와 신상필벌을 강조하는 법가, 묵자가 주장한 겸애사상을 목숨 걸고 실천하던 묵가 등이 대표적이야.

이들은 각자 자기들의 독특한 사상을 전파하며 추종자들을 끌어 모으고 서로 간에 끊임없이 경쟁했지. 백가쟁명은 그걸 표현한 말인데, 오늘날은 많은 이들이 서로 자기주장을 내세우거나 많은 학자들의 열띤 논쟁을 가리키는 의미로 사용하고 있어.

연관된 말로 백화제방百花齊放이란 것이 있는데, 한자를 풀이하자면 수많은 꽃이 한꺼번에 흐드러지게 피어 있는 모습이란 뜻이야. 1956년 중국 공산당이 선전문구로 백화제방백가쟁명을 들고 나오면서 유명해졌어.

하지만 중국 공산당 독재 체제가 확립되면서 이내 '문화혁명'이 시작되어 공산주의 외의 모든 학문과 사상에 탄압이 가해졌고, 이후 덩샤오핑이 문화혁명 추종 세력을 몰아내는 과정에서 백화제방이란 말을 중국 헌법에 명시하기도 했어. 하지만 그가 실권을 잡은 뒤에는 다시 헌법에서 삭제해 버렸기 때문에 정작 현대 중국에서 공산주의 외의 백화제방은 용납되지 않고 있어.

한반도만 보더라도 민주국가인 우리나라는 다양한 사상과 종교와 학문의 자유가 비교적 폭넓게 인정되는 편이지만, 독재국가인 북한에서

백화제방백가쟁명
여러 학문과 사상이 다양하게 발전하여 누구나 자기주장을 자유롭게 말할 수 있는 상태를 뜻함.

는 그런 자유를 상상하기 어렵잖아? 결국 백화제방이니, 백가쟁명이니 하는 것도 그 옛날 '춘추전국시대'의 특성상 강력한 중앙집권적 독재 권력이 없었기 때문에 가능했던 일이지.

춘추전국시대 春秋戰國時代

BC/AD
기원전/기원후라고도 함. BC (Before Christ)는 예수 그리스도의 탄생 이전을 가리키고, AD(Anno Domini)는 예수 그리스도 탄생 이후를 말함. Anno Domini는 라틴어로 In the year of the Lord(주님의 해)라는 뜻.

아주 오래전 중국은 주周나라 왕조가 약화되면서, 약 500년간 수많은 나라들로 쪼개져 끊임없이 전쟁을 벌여야 했어. 그 혼란기를 춘추전국시대라고 해.

BC 770년부터 BC 403년까지는 춘추시대라고 하고, BC 403년부터 BC 221년까지는 전국시대라고 해. 그 두 시기를 나누는 기준은 춘추시대 진晉나라가 한韓, 위魏, 조趙 3개 나라로 분열된 시점이야.

춘추란 명칭은 공자가 엮은 노魯나라의 역사서인 『춘추春秋』에서 유래되었는데, 춘추시대의 기록이 대부분 그 책에 기록되어 있기 때문이야. 전국이란 명칭은 훗날 한나라 유향劉向이 쓴 『전국책戰國策』에서 유래된 말인데, 춘추시대보다 훨씬 더 큰 전쟁이 자주 일어났기 때문에 그런 이름이 붙었다고 해.

하여간 춘추전국시대는 수많은 나라들이 패권을 다투며 전쟁이 끊이지 않던 약육강식의 시대였어. 물론 춘추시대에는 100여 개의 나라 중 이른바 춘추오패가 강성했고, 전국시대에는 약 14개의 나라가 전국칠웅으로 압축되긴 했지만 절대강 자는 없었지. 그래서 오늘날도 확실한 절대강자 없이 엎 치락뒤치락하며 순위가 뒤바뀌는 상황을 가리켜 춘추전국 이라 비유하는 거야.

제자백가가 여러 가지 다양한 사상을 들고 나와 백가쟁 명한 것도 바로 이 시기였어.

당시 사회는 끊임없는 전쟁 때문에 이루 말할 수 없이 혼란스러웠지만, 한편으론 그랬기 때문에 제후들이 새로 운 학문과 인재를 적극적으로 받아들여 나라를 부강하게 하고자 했지. 중국 철학의 기틀은 이때 거의 다 세워졌다 고 봐도 과언이 아닐 정도야.

당시 공자와 맹자를 따르며 인의도덕을 중시한 유가와, 그에 반대하여 법치주의와 신상필벌을 강조했던 법가와의 경쟁이 관심을 끌었는데, 일단 전국시대는 법가의 승리로 끝났어.

법가를 신봉했던 상앙이나 한비자 등이 활약했던 진秦나라가 강력한 군사력으로 중국을 통일했고, 진시황은 중국 최초의 중앙집권 황제가 된 뒤 분서갱유를 통해 유가를 탄압했거든.

하지만 진나라는 가혹한 통치 때문에 얼마 못 가 멸망했고, 그 뒤를 이은 중국의 통일왕조 한漢나라의 무제는 법가 대신 공자와 맹자의 유가 사상을 채택하면서 '왕도정치'를 추구했지.

왕도정치 王道政治 와 패도정치 覇道政治

조선시대에는 덕으로 다스린다는 맹자의 왕도정치가 이상적인 것으로 여겨졌다.
전쟁으로 혼란스러운 시대에는 패도정치, 평화로운 시대에는 왕도정치가 주목받았다.

왕도정치란 춘추전국시대의 유가 사상가 중 하나인 맹자가 강조한 것인데, 덕으로 다스리는 것을 으뜸으로 여기는 정치 형태를 말해.

반대말로 패도정치가 있어. 왕이 무력武力을 이용해 힘으로 백성을 다스리는 정치 형태를 가리키지.

맹자는 인간이 원래 선하다는 성선설性善說을 믿었기 때문에, 왕이 스스로 갈고 닦아 어질고 의로운 성인군자가 되면 백성이 자연스레 복종할 것이고, 만약 백성이 말을 듣지 않는다면 왕의 덕이 부족한 탓이라고 주장했어. 그래서 왕도정치를 덕치주의라고도 해.

하지만 그 당시는 춘추전국시대였잖아? 서로 죽고 죽이는 전쟁이 계속되던 현실에서 맹자의 성선설은 비현실적으로 느껴졌겠지. 그래서 순자는 인간이 원래 악하다는 성악설性惡說을 주장했어. 물론 순자도 맹자와 같은 유가 사상가였기에 왕도정치 자체를 부인하지는 않았지. 대신 순자가 내놓은 해법은 바로 예禮를 강조하는 거였어. 쉽게 말해 인위적인 예절 교육을 통해 백성들의 악한 성품을 선하게 변화시키고 사회를 통제하자는 거였지.

하지만 순자의 제자였던 진나라의 한비자는 아예 왕도정치 자체를 부정하고, 강력한 법률과 힘으로 엄하게 다스려야 백성이 복종한다는 법가 사상에 심취했어. 그래서 훗날 유학자들로부터 패도정치의 대표 사

'학문에는 왕도가 없다'고 할 때의 王道는 왕 전용의 편리하고 빠른 도로라는 뜻이기 때문에, 王道政治에서 말하는 '왕의 도리'라는 뜻과는 전혀 다름.

상가로 지목되었고, 스승인 순자마저 덩달아 비판당했지.

이후 중국 역사를 보면 전쟁이나 혼란기에는 패도정치가, 평화로운 시절에는 왕도정치가 번갈아 가며 강조되는 것을 볼 수 있어.

우리나라는 고려시대에 유학을 중시하면서 왕도정치가 힘을 얻었고, 조선시대에 이르러서는 완전히 자리 잡았지. 조선시대 사대부들은 왕의 권력을 견제하려 했는데, 그러기에는 패도정치보다 왕도정치가 신하들에게 유리했거든. 힘으로 문제를 해결하려는 왕보다는 덕을 내세우는 왕이 신하들 입장에서는 더 편한 상대니까 말이야. 조선시대를 배경으로 하는 드라마를 보면 신하들이 끊임없이 "아니되옵니다. 전하" 하면서 임금과 힘겨루기를 하고 있지.

그렇게 보면 왕도정치 사상도 실상은 당시 지배계층의 이익을 위한 것이었지 백성을 위한 것은 아니었어. 그리고 왕도정치건 패도정치건 다들 왕조시대를 기준으로 하는 것이기 때문에, 독재국가가 아닌 현대 민주주의 국가에는 직접 적용할 수 없는 사상들이야.

그럼 기왕 왕도정치를 둘러싼 조선시대 임금과 신하의 갈등을 짚어봤으니, 지구 반대편 영국에서 벌어졌던 임금과 신하들 간의 갈등도 한번 살펴볼까? 그 유명한 '마그나 카르타'를 중심으로 말이지.

대헌장 大憲章. Magna Carta, the Great Charter of Freedoms

1215년 6월 15일, 템스 강 남쪽의 러니미드 벌판에서는 세계사에 길이 남을 사건이 벌어졌어. 영국의 존 왕이 귀족들과 성직자들의 강요에 굴복하여 왕의 권력을 제한하는 63개 조항의 문서에 서명한 거야. 그 문서가 바로 유명한 마그나 카르타, 즉 대헌장이야.

하지만 그 내용은 종래부터 관습적으로 인정되어 오던 성직자들과 귀족들의 권리를 보호하는 것이 대부분이라, 막상 읽어 보면 별것 아니네 하는 생각이 들 수도 있어.

그런데도 왜 그렇게 유명하냐고? 다음 두 가지 조항을 한번 살펴보자고.

① 의회의 승인이 없는 한 세금이나 부담을 지울 수 없다(제12조)

② 자유인은 재판이나 법률에 의하지 않으면 체포나 감금할 수 없다
    (제39조)

당시 영국뿐 아니라 대부분의 나라에서 왕은 누구에게나 세금을 거둘 수 있었고, 마음에 들지 않는 자를 잡아다 혼내 줄 수 있었지. 하지만 대헌장이 발효됨으로써, 적어도 영국에서는 아무리 왕이라도 함부로 할 수 없는 국민의 권리가 확정되었다는 데 의의가 있어.

①번은 조세법률주의라 하고 ②번은 적법절차원리라 하는데, 오늘날

민주국가의 헌법에 반드시 포함되는 핵심 내용이야. 그래서 대헌장을 근대 헌법의 시초라고 하지.

그런데 어떻게 그 옛날에 이런 선구적인 내용이 만들어질 수 있었을까? 그건 당시 영국에서 벌어진 특수 상황 때문이야. 리처드 1세는 십자군 전쟁에 몰두한 나머지, 재위 기간 동안 영국에는 거의 들르지도 않으면서 막대한 세금만 거둬갔어. 별수 없이 동생 존이 대리로 영국 왕 노릇을 했지만, 아무래도 대리인에 불과하니 귀족들을 휘어잡기는 어려웠을 거야.

존은 리처드 1세가 죽자 왕으로 즉위했는데, 그 틈을 타 프랑스가 시비를 걸면서 또 전쟁이 일어났어. 하지만 존 왕은 프랑스에 패하고 영토 일부를 빼앗기는 망신을 당했지. 게다가 성직자 임명 문제로 교황한테 대들다 가톨릭 교단에서 쫓겨났는데, 교황에게 싹싹 빌어서 겨우 용서를 받는 굴욕을 당했어.

귀족들이 볼 때 존 왕은 원래 만만하던 사람인데, 전쟁에서 패배하고 신으로부터도 버림당한 주제에 세금까지 마구 올려 댔으니 어땠겠어? 급기야 참다못한 귀족과 성직자들은 반란을 일으켰고 그 결과로 받아 낸 항복 문서가 바로 마그나 카르타, 대헌장인 거야.

이런 역사적 배경이 있었기 때문에 앞서 본 혁신적인 조항들이 포함된 거지. 따라서 원래의 대헌장은 어디까지나 귀족의 권리를 보장하는 내용일 뿐 일반 국민의 권리를 보장하기 위한 것은 아니야. 하지만 이 문서를 시작으로 이후 영국 역사에서 끊임없이 왕의 권리가 줄어들고 국민의 권리가 늘어났다는 점을 생각하면 의미가 크지. 리처드 1세가 '십

자군 전쟁'에 몰두할 때만 해도, 훗날 역사가 이렇게 진행될 줄은 전혀
예상하지 못했을 거야.

십자군 전쟁 the Crusades

십자군 전쟁이란 11세기부터 13세기까지 서유럽 각국의 군대가 예루살
렘을 이슬람 교도들로부터 탈환하기 위해 총 8번에 걸쳐 감행한 원정을
말해. 당시 참전한 서유럽 군대 상당수가 갑옷의 가슴 부위에 기독교의
상징인 십자가 표시를 했었기에 십자군이라 불렸지.

오늘날 이스라엘의 수도인 예루살렘은 기독교가 시작된 곳이기 때문
에, 성지聖地로 여겨져 순례자들의 발길이 끊이지 않았어. 그런데 이슬
람교가 세력을 확장하면서 예루살렘은 638년 이후 이슬람 제국의 영토
가 되어 버렸거든. 결국 로마 교황 우르바노 2세는 1095년 프랑스 클레
르몽 지방에서 주교 회의를 소집해 예루살렘을 탈환하기로 결정했지. 그
후 약 200년간 8차례 전쟁이 벌어졌는데, 예루살렘을 탈환하기도 했지
만 최종적으로는 이슬람의 승리로 끝났어.

결과적으로 오랜 전쟁에서 패했으니 교황의 권위는 약해졌고, 봉건
영주들과 기사들이 많이 죽는 바람에 왕권이 강해져 유럽은 봉건제에서
중앙집권제로 바뀌게 돼.

이슬람 제국도 쇠약해지긴 마찬가지였어. 그래서 몽골군의 침입에 쉽게 무너지고 말았지.

역사적으로 십자군 전쟁에 대한 평가는 엇갈려. 서유럽 국가와 중동 국가의 역사책은 다르게 마련이거든. 한마디로 원정이냐 침략이냐의 관점 차이야. 서로 자기들의 전투가 성전聖戰: 거룩한 전쟁이었다고 말하지.

기독교/서구인의 관점에선 이슬람은 악이며 십자군은 원정인 데 반해 이슬람/중동인의 관점에선 십자군 전쟁은 침략 행위야. 이슬람 교도들에게 서구 기독교인에 대한 싸움은 이른바 '지하드'라고 해서 알라 신의 뜻을 이루는 거룩한 희생이야.

그 외 십자군 전쟁이 실은 종교를 빙자한 이권 다툼이었다거나, 서유럽 국가들의 식민지 확보용 영토 전쟁이었다는 평가도 많아. 실제로 십자군 에는 수많은 장사꾼, 불량배, 죄수 등이 끼어 있었거든. 게다가 예루살렘 주변에서도 자기들끼리 영토 다툼을 벌이는 등 수많은 문제를 일으켰어.

하지만 십자군이 약 100년간 예루살렘을 지켜냈던 점을 보면 오합지졸에 불과했다고 할 수는 없고, 순전히 종교적 이유로 참전했던 고드프루아 부용 등을 생각하면 단순히 이권 다툼이나 영토 전쟁에 불과했다고 보기도 어려워.

다만 근본적으로 십자군 전쟁은 '나는 선, 너는 악'이라는 이분법적 사고가 바탕인 데다, 군대라는 힘의 논리로 문제를 해결하려 했다는 점에서 오늘날 많은 비판을 받고 있어. 그래서 요즘 '십자군' 또는 '십자군 전쟁'이라는 표현은 주로 자기만 옳다고 여기는 독단적인 사람이나 주장을 가리키는 말로 쓰이곤 해.

특히 영국, 독일, 프랑스 등이 제국주의에 맞들려 세계 각지를 침략

하고 식민지로 만들던 시기에 리처드 1세나 프리드리히 1세 등 십자군 참가자들을 영웅으로 떠받들었다는 점에서, 십자군 전쟁은 흔히 서구 국가들의 제국주의를 상징하는 부정적 의미를 갖게 되었지.

제국주의帝國主義

우리 조상들은 일본 제국주의에 의해 식민 지배를 당하면서 크나큰 고통을 겪었다.
새로운 21세기 세계 질서를 확립하기 위해서는 제국주의적 사고방식을 청산해야 한다.

제국주의란 구체적으로 뭘 가리키는 걸까?

제국이란 한자로 황제가 다스리는 큰 나라를 말하는데, 여기서 황제란 로마 황제를 말하는 거야. 제국주의를 영어로 하면 imperialism이고, 그 어원은 로마 황제를 뜻하는 imperator에서 유래하거든.

로마 제국은 수많은 국가와 민족을 점령해서 식민지로 삼았던 강대국이었어. 물론 그 이전에도 페르시아나 헬라 제국이 있었지만 로마처럼 넓은 영토를 오래도록 다스리지는 못했지. 그래서 이후로도 다른 나라들을 점령하여 지배하고자 하는 강대국들의 움직임이나 사상을 로마제국에 빗대어 제국주의라 부르게 된 거야. 팍스 로마나라는 말도 거기서 유래했지.

제국주의라는 말이 널리 쓰이게 된 것은 로마 제국 멸망 후로도 한참 뒤의 일인데, 콜럼버스가 신대륙을 발견한 이

팍스 로마나 Pax romana
로마의 평화라는 뜻. 약 200년에 걸친 로마 제국 전성기의 전쟁 없던 시기를 가리킴. 19세기 영국이 세계 각지를 점령해 '해가 지지 않는 나라'라는 소리를 듣던 때를 팍스 브리태니카(Pax Britanica), 제2차 세계대전 이후 미국이 '세계의 경찰' 소리를 듣던 수십 년간은 팍스 아메리카나(Pax Americana)라고 하며, 앞으로 중국이 더 강해지면 팍스 시니카(Pax Sinica)의 시대가 올 수 있다는 예측이 있음.

후 스페인이나 포르투갈 등이 아메리카, 아시아 대륙에 식민지를 만들기 시작하면서부터야. 그리고 산업혁명으로 경제력과 군사력이 강해진 유럽 각국은 1800년대부터 너도나도 식민지 쟁탈전에 나서는데, 이후 제1·2차 세계대전까지를 제국주의의 전성기라고 하지. 나중에는 아시아와 아프리카 대륙 거의 대부분의 나라가 영국, 프랑스, 독일, 일본, 러시아 등의 제국주의 열강에게 점령당했을 정도야.

이에 레닌은 『제국주의론』이란 책을 통해, 제국주의란 서구 자본주의의 최종 단계이며, 공산주의를 통해서만 극복할 수 있다고 주장했지. 한편 자본주의 국가의 대표 격인 미국의 윌슨 대통령은 제1차 세계대전 이후 민족자결주의를 주장했지.

하지만 제2차 세계대전이 끝난 뒤에도 미국과 소련은 각각 자유민주주의 수호와 공산 혁명을 명분으로 인근 국가들을 사실상 지배하면서 둘 다 제국주의라는 비난을 받았으니 좀 웃기지? 결국 인류 역사상 강대국들은 방법의 차이만 있을 뿐 항상 다른 나라를 지배하려는 제국주의적 성향을 보인 셈이야.

제국주의와 유사한 말로 식민주의와 팽창주의가 있어. 제국주의는 '악하다'는 가치판단을 담고 있지만, 팽창주의는 외교적으로 좀 완곡한 표현이면서 아직 제국주의가 완성되지 못한 채 진행 중이라는 뉘앙스를 담고 있어. 그래서 북한은 '제국주의 미국'이란 말을 서슴없이 하는 거고, 우리나라에서는 '중국의 팽창주의가 우려된다'는 식으로 표현하지.

제국주의와 달리 식민주의는 압제당하는 쪽 입장에 무게를 두고 있어. 보통 '식민 지배를 당했다'라고 하지, '제국(주의) 지배를 당했다'라고 말하지는 않거든.

　그런데 여기서 궁금증 하나, 현대사에서 아시아나 아프리카의 거의 모든 나라들은 식민 지배를 당했는데, 일본은 어떻게 제국주의 국가가 되었을까? 그건 바로 '메이지유신' 때문이야.

메이지유신明治維新

메이지유신(명치유신)이란, 일본 메이지 왕明治王 시절에 일어난 대대적인 개혁을 말해. 이를 통해 일본은 아시아에서 가장 먼저 근대화와 산업 발전을 이룰 수 있었고, 그 결과 지금까지도 부강한 나라로 자리매김하게 됐지.

　일본은 임진왜란 전부터 네덜란드와 교역하면서 조총 같은 신무기를 갖고 있기는 했지만 메이지유신 전까지는 봉건제 국가에 불과했어. 도쿠가와 이에야스로부터 수백 년간 지속된 막부체제에서 왕은 허울뿐인 존재였고 쇼군(장군)이라는 막부의 리더가 다이묘大名라는 각 지방 영주들을 다스리는 체제였거든.

　하지만 1853년 미국의 페리 제독을 시작으로 영국, 러시아, 프랑스 등이 강철 군함을 몰고 와서 개항을 강요하면서 변화가 시작됐지.

　당시 서양의 강철 군함은 흑선黑船이라 불렸는데, 일본군이 가지고 있던 나무 군함과 조잡한 대포로는 대적할 수 없을 만큼 강했어. 일본 사회는 큰 두려움에 빠졌어. 군사력에서 상대가 되지 못했던 막부 정권은 서양의 흑선 앞에 무릎을 꿇고 굴욕적인 조약을 체결해야만 했지.

일본 국민의 두려움은 굴욕으로, 곧이어 무능한 막부 정권에 대한 분노로 바뀌었어. 막부 대신 왕을 높이고 서양 사람을 물리치자는 존왕양이尊王攘夷 운동이 일어났을 뿐 아니라 내전까지 벌어졌지. 결국 막부 옹호 세력이 패배하면서 막부시대는 막을 내렸고, 메이지유신은 성공했지.

메이지유신으로 일본은 영국처럼 왕과 의회가 있는 입헌군주국가가 되었어. 또한 서양을 배척하기보다는 빨리 배워 따라 잡자는 주장이 힘을 얻으면서, 서양식 근대화와 산업화가 급속하게 이뤄졌지. 근대적인 헌법과 의회 및 정부기구가 만들어졌고, 신분이 평등해졌으며, 중앙은행과 우체국 및 철도망이 건설되었을 뿐 아니라 서양식 교육제도와 군대가 도입되었어. 오늘날 일본 사람들이 메이지유신을 자랑스러워하는 것도 이 때문이야.

메이지유신의 핵심인물은 '사카모토 료마'야. 하급 무사 출신으로 20대 초반의 어린 나이에 막부 반대 세력을 모은 뒤 서양 무기를 적극적으로 받아들여 권력을 왕에게 돌려주는 데 앞장섰기 때문에 오늘날 일본인들이 가장 존경하는 인물 1위를 기록했다고 해.

유신維新

중국 고전인 시경과 서경에서 유래하는데, 기존의 왕조를 유지한다는 전제 아래 나라를 새롭게 하는 걸 뜻함. 왕의 권력을 강화하자는 친위 세력의 주장으로는 아주 적절한 표현인 셈.

신선조

막부 정권의 사무라이 집단으로, 막부를 반대하던 유신 지지자들을 잔인하게 암살한 것으로 유명. 만화, 영화 등에서 멋지게 묘사되곤 하지만 실상은 정치 깡패나 테러 집단으로 볼 수 있음. 사카모토 료마를 암살한 것도 신선조라는 설이 있음.

유신체제

유신체제 반대 운동을 하던 수많은 대학생들이 감옥에 갇혔다.
박정희 전 대통령 시절의 경제 발전에 대해서는 평가가 엇갈리지만, 유신체제에 대해서는
비판적인 견해가 압도적으로 많다.

유신은 일본에만 있었던 것이 아니라 우리나라에도 있었어. 하지만 그 내용과 성과는 전혀 달랐지. 이름만 본 뜬 유신이었다는 뜻이야.

1972년 10월 17일, 대통령이던 박정희는 긴급 비상조치를 발표하고, 국회를 해산한 뒤 헌법을 마음대로 고쳐 장기 집권이 가능한 '유신헌법'을 만들었어. 그걸 10월 유신 또는 유신체제라고 해.

일제강점기에 일본식 교육을 받았던 우리 조상들 대부분은, 메이지 유신이 일본을 단숨에 근대화의 길로 이끌었다는 일본 역사에 대해 잘 알고 있었지. 특히 메이지유신은 일본의 젊은 무사들이 주도했었다는 점 때문에 일본식 군사교육을 받았던 이들에게는 더욱 각별한 느낌이었을 거야. 박 대통령도 일본군 장교 출신이라 예외는 아니었겠지. 그러니 기존 국왕의 권력을 더 강화하자는 '유신'의 의미를 따서 유신체제를 수립한 것 아니겠어?

하지만 메이지유신은 어디까지나 기존 독재자였던 막부의 쇼군을 물리치고, 형식적으로라도 의회를 만들어 서구 민주국가와 비슷해지고자 하는 움직임을 담고 있었어. 그러나 10월 유신은 의회를 없애고 박정희 개인의 독재체제를 만들어 역사를 과거로 돌리려 했다는 점에서 차이가 있지. 실제로 유신헌법을 살펴보면 발전적인 내용은 하나도 없고, 독재

정권 유지에 방해되지 않도록 기존 국회나 사법부를 허수아비로 만드는 내용만 가득해.

그래서 유신체제가 성립된 뒤로 온 나라에 독재 정권을 반대하는 민주화 운동이 끊이지 않았단 말이야. 하지만 유신체제 아래서는 국민의 목소리를 대변할 정당 활동도 금지됐고, 의회도 허수아비가 된 상황이라 국민의 힘을 결집하기란 쉽지 않았어. 그러다 1979년 10월 26일, 유신체제의 심장이나 다름없던 박정희 대통령이 자신의 부하인 김재규 중앙정보부장의 권총에 맞아 쓰러지면서 유신체제도 막을 내렸지.

유신체제 시절의 우리나라에 대해서는 평가가 엇갈리는데, 일단 경제는 상당히 발전했어. 한국은행 통계에 따르면 1972년 322달러에 불과했던 1인당 국민소득이 1980년에는 1,660달러로 5배 이상 늘어났거든. 그러나 성장 제일주의적인 정책 때문에 빈부격차가 심해졌지.

외교적으로는 남북 간 화해 분위기가 조성되면서 한반도가 좀 더 평화로워진 측면이 있어. 하지만 정치나 사회 분야에서는 온갖 부조리가 가득했는데, 예를 들어 밤이 되면 전 국민의 통행을 금지시켰고, 경찰이 가위와 자를 갖고 다니며 길거리에서 미니스커트 길이를 재고 머리 긴 남자는 강제로 머리를 잘라 버렸지. 그뿐 아니라 독재 정권에 반대하는 사람은 학생이건 성직자건 붙잡아 가혹하게 고문했어. 야당 지도자였던 김대중 전 대통령을 납치해 바다에 던져 죽이려다가 미국과 일본의 제지로 실패하여 서구 사회의 비난을 받았으니 말 다했지.

유신체제 아래서 우리 국민은 기본권이 제한되는 수준을 넘어 완전히 무시당하고 말았어.

기본권의 제한

기본권은 제한될 수 있지만, 그렇더라도 본질적 내용을 침해해서는 안 된다.
공무원 정당 가입 금지, 기본권 제한 문제로 떠올라.

기본권fundamental human right이란 인간이라면 누구나 가지고 있는 기본적인 권리들을 가리키는 말이야. 사람이라면 누구나 당연히 먹고 마시고 쉬고 연애하고 결혼하고 가족들과 함께 행복하게 살아갈 권리가 있지 않겠어? 그걸 천부인권天賦人權 즉 하늘이 인간에게 준 권리라고 하는데, 그 권리가 법으로 보장될 경우 법률용어로 기본권이라고 해.

요즘 사람들은 기본권 보장이 당연하다고 생각할지 모르지만, 인류 역사 전체를 놓고 볼 때 모든 사람에게 기본권이 법률로 보장된 것은 그리 오래된 일이 아니야. 영국의 대헌장으로부터 시작해서, 프랑스 인권선언과 미국 독립선언을 거쳐서야 오늘날과 비슷한 수준의 기본권이 헌법으로 보장되었으니까.

우리나라에선 1987년 6월 민주항쟁의 결과 군사정권이 쇠퇴하고 민주적인 헌법이 만들어졌는데, 헌법 제10조부터 39조까지 총 30개 조항에 걸쳐 국민의 기본권이 상세하게 적혀 있지. 예를 들면 행복추구권, 평등권, 신체, 사생활, 양심, 종교, 학문, 언론의 자유 및 교육을 받을 권리, 인간다운 생활을 할 권리 등이야. 반강제적으로 공부해야 하는 학생들은 교육이 의무로만 여겨지겠지만, 엄연히 여러분의 권리를 행사하고 있는 거란 말이지.

그런데 사람들마다 자신의 기본권만 고집한다면 문제가 생겨. 예를 들어 나는 자고 싶은데, 옆집 사람은 밤새도록 시끄럽게 떠들겠다면 싸움이 나겠지? 또 세금을 내기 싫다 해서 너도나도 세금을 안 내면 나라가 망할 것 아냐? 그래서 기본권에도 제한이 필요한 거야.

다만 유신체제 시절처럼 독재자가 멋대로 국민의 권리를 짓밟아선 안 되기 때문에, 헌법 제37조 제2항은 '국민의 모든 자유와 권리는 국가안전보장·질서유지 또는 공공복리를 위하여 필요한 경우에 한하여 법률로써 제한할 수 있으며, 제한하는 경우에도 자유와 권리의 본질적인 내용을 침해할 수 없다'고 기본권 제한의 방법과 한계를 정하고 있지.

요즘 우리 친구들이 가장 가깝게 느낄 만한 기본권 제한 사례를 하나 살펴볼까? 이른바 '신데렐라법', 즉 온라인 게임 셧다운 제도는 청소년의 기본권 제한이 문제되는 대표적인 사례라고 할 수 있어.

신데렐라법(게임 셧다운제)

온라인 게임 셧다운 제도를 둘러싸고 게임업계와 교육계의 논쟁 뜨거워.
신데렐라법 국회 통과, 게임업계 반발.

게임 셧다운Shut down 제도는 밤 12시부터 아침 6시까지 16세 미만 청소년의 온라인 게임 접속을 차단(셧다운)하는 조치를 말해. 온라인 게임 이용자들이 쉽사리 빠지는 인터넷 중독 문제로부터 청소년을 보호하자는 건데, 세계에서 유일하게 우리나라에만 있는 제도야. 이 제도가 담겨진 청소년보호법 개정안이 2011년 4월 국회에서 통과되었는데, 그 과정에서 '신데렐라법'이란 별명이 붙은 거지.

동화 속 신데렐라는 무도회장에서 즐겁게 놀다가도, 마법이 풀리는 밤 12시 직전 황급히 집으로 돌아가야 했잖아. 그러니 청소년들도 밤 12시 전에는 게임 속 세상에서 나오라는 뜻이지. 원래 '신데렐라'는 '갑자기 화려하게 출세한 사람' 또는 '부잣집 남자에 시집 간 여자'를 가리키는 의미로 쓰였는데, 셧다운제 때문에 또 다른 비유가 추가된 셈이야.

현재 게임 셧다운 제도가 시행되고는 있지만, 원래 이 제도의 도입에 대해서는 게임업계를 중심으로 반대 의견도 만만치 않았어. 반대 측이 주장한 논거는 주로 국내 게임 산업이 위축될 우려가 있고, 실효성이 없고, 풍선효과가 우려되며, 청소년도 게임을 즐길 기본권이 있다는 것 등이었지. 첫 번째와 두 번째는 기술적인 문제 또는 제도 시행 과정에서 보완하면 될 테니 여기서는 마지막 것을 중심으로 생각해 보자고.

청소년도 국민의 한 사람이니, 헌법 제10조의 행복추구권을 바탕으로 당연히 게임을 즐길 권리가 있어. 다만 부모님의 자녀교육권과 청소년의 행복추구권이 충돌할 수 있는데, 법적 미성년자인 청소년의 놀 권리보다 보호자의 자녀교육권이 우위에 있다는 것이 현재 세계 각국의 사회질서니까 부모님이 청소년의 야간 게임을 금지하는 건 헌법에 맞는다고 봐야 돼.

그런데 이걸 국가가 나서서 무조건 막는다? 부모님이 허락했더라도? 프로 게이머가 되려는 청소년이라도? 그렇다면 너무 과도한 기본권 제한으로 헌법에 어긋난다는 것이 반대 측의 논리야. 그래서 이 제도는 현재 헌법재판소에서 헌법에 어긋나는지 여부를 심사 중이지.

어쨌든 현재는 교육계를 중심으로 하는 셧다운제 찬성 목소리가 훨씬 더 높은 편이야. 사실 요즘 남학생이 여학생보다 공부를 못하는 가장 큰 원인이 바로 '게임 중독' 때문이라는 게 학교 선생님들의 분석이거든. 그 외에 16세 미만 청소년에 한해 일정 시간만 게임을 금지하는 것이니 경제에 미칠 영향은 크지 않고, 청소년의 수면권을 보장해야 건강과 학습능력을 향상시킬 수 있다는 점이 찬성 측의 논거야.

이와 관련하여 소설가 이외수 씨는 차라리 자정부터 6시까지 공부를 제한하는 것이 청소년 정신건강에 훨씬 도움 되지 않겠느냐는 의견을 밝혀 큰 호응을 얻었어. 하긴 게임이 아니더라도 과중한 학업 부담 때문에 학생들의 수면 부족은 심각하지. 더구나 중·고등학교에서 0교시 수업으로 '아침형 인간'을 강제하는 것에 대해 논란이 있어.